KB161612

주파수에
꿈을 담는
이야기꾼
라디오 피디

라디오 피디

주파수에 꿈을 담는 이야기꾼

초판 1쇄 2015년 5월 18일
초판 4쇄 2023년 4월 28일

지은이 이덕우

출판책임 박성규
편집주간 선우미정
기획이사 이지윤
편집 이동하·이수연·김혜민
디자인 하민우·고유단
마케팅 전병우
경영지원 김은주·나수정
제작관리 구법모
물류관리 엄철용

펴낸이 이정원
펴낸곳 도서출판 들녘
등록일자 1987년 12월 12일
등록번호 10-156
주소 경기도 파주시 회동길 198
전화 031-955-7374 (대표)
031-955-7376 (편집)
팩스 031-955-7393
이메일 dulnyouk@dulnyouk.co.kr

ISBN 978-89-7527-696-5(14370)
978-89-7527-648-4(세트)

푸른들녘 미래탐색 007 라디오 피디

이덕우 지음

들녘

이 책의 사용 설명서

언젠가 마음에 불을 켜야 할 이들에게

저자 서문이라는 딱딱하고 형식적인 제목을 대신해 '사용설명서'라는 제목을 붙여봅니다. 그리고 빨리 본문의 내용을 읽어보고 싶은 독자들의 마음을 헤아려 짧게 몇 가지 이 책의 사용법만 전합니다.

사용법 1. 라디오 PD가 되라고 권하는 책은 아닙니다.

이 책을 읽는 분들이 꼭 라디오 PD를 꿈꾸지 않아도 좋다고 생각합니다. 사실 라디오 PD가 되는 방법은 간단합니다. 열심히 공부해서 방송사 공채 시험에 합격하면 됩니다. 하지만 이렇게 한 줄로 간단히 정리할 수 있는 것을 200페이지가 넘게 쓴 이유는 청소년들이 라디오를 포함한 다양한 미디어를 폭넓게 이해하고 그 안에서 새로운 가능성을 발견했으면 하는 바람 때문입니다. 라디오는 이제 '뉴 미디어new media'가 아니고 '올드 미디어old media'입니다. 하지만 라디오는 '방송의 조상이자 원형original form'이죠. 그렇기 때문에 방송을 이해하려면 먼저 라디오를 알아야 합니다. 나아가서 라디오를 포함한 21세기의 미디어 빅뱅을 알아야 하죠. 이 책에서 라디오 못지않게 미디어에 대한 이야기를 많이 다루는 이유입니다. 물론 라디오 PD라는 직업에 대해서도 충실히 설명했습니다.

사용법 2. 부모가 먼저 읽고 자녀에게 권해주면 더 좋습니다.

청소년들의 꿈은 막연합니다. 자신의 적성과 위치를 제대로 파악하지 못하는 경우도 있죠. 또한 현실적인 면이 무시되기도 합니다. 그렇기 때문에 부모의 적절한 조언이 필요합니다. 특히 진로탐색에 대한 책은 부모와 학생이 함께 읽고 대화를 나누는 것이 가장 좋다고 생각합니다.

사용법 3. 흥미를 끈다면 끝까지 단숨에 읽으세요.
그렇지 않다면 던져버리세요.

시간에 쫓기는 학생들을 배려해 분량은 적게, 내용은 쉽게 썼습니다. 부담 없이 단숨에 읽어주길 바랍니다. 이 책을 통해 독자에게 전해주려는 것은 지식이나 정보, 또는 기술skill이 아니라 '영감inspiration'이기 때문입니다. 그런 의미에서 라디오 PD를 꿈꾸는 여러분에게 영감을 줄 만한 시 한편을 덧붙입니다.

언젠가 많은 것을… (Wer viel einst zu verkünden hat…)

언젠가 많은 것을 일러야 할 이는

많은 것을 가슴속에 말없이 쌓는다.
언젠가 번개에 불을 켜야 할 이는
오랫동안 구름으로 살아야 한다.

_프리드리히 니체

라디오 PD가 하는 일은 무엇일까요? 저는 이야기를 들려주는 것이라고 생각합니다. 말과 음악과 느낌으로 말입니다. 이야기를 통해 청취자들의 공감을 이끌어내는 것이죠. 그렇게 생겨난 공감은 사회적 파장을 일으킵니다. PD가 방송을 만드는 것은 이렇게 이야기를 쏟아내고 청취자들의 마음속에 불을 켜는 일입니다. 그러기 위해 PD들은 오랫동안 배우고 사랑하고 인내하고 때로는 신나게 놀아야 합니다. 짝사랑이나 실연의 아픔, 시험 낙방의 좌절, 연속되는 불행, 시대의 아픔에 대한 공감, 예술에 대한 탐닉, 밤새 이야기를 나누던 친구와의 우정, 미지의 세계에 대한 동경, 무언가를 만들어 냈을 때의 설렘 같은 소중한 기억들을 쌓아두세요. 그러면 언젠가 여러분이 PD가 되었을 때 오랫동안 쌓아두었던 것들이 이야기가 되고 프로그램이 되어 청취자들의 마음에 불을 켜게 될 것입니다.

2015. 봄. 22년차 라디오 PD 이덕우

차례

Chapter 1 미디어에 눈을 뜨자

Chapter 2 라디오, 너는 누구냐?

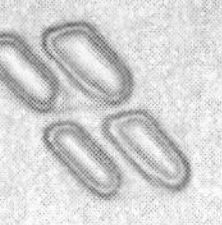

Chapter 3

라디오 프로그램 제작

Chapter 4

라디오 키드에서 라디오 PD로!

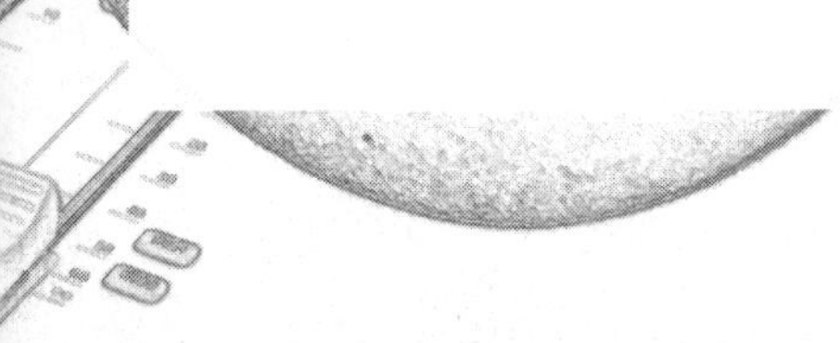

일러두기

* 본문에 등장하는 드라마, 영화 등 영상물의 제목은 「 」, 도서의 제목은 『 』, 신문, 잡지의 제목은 《 》, 라디오 프로그램의 제목은 〈 〉로 표기했습니다.
* 영문 표기는 사람 이름, 영화 제목, 회사명, 제품명에 한해 최대한 원문 표기를 따랐으며, 단어를 설명한 경우에는 소문자를 사용했습니다.
* 본문에 사용한 이미지는 유료 이미지 사이트 구매 혹은 저작권자의 허락을 받은 것이며 일부는 저자가 직접 촬영한 것입니다.
* 본문 일러스트의 저작권은 들녘에 있습니다.
* 본문에 사용한 자료의 저작권은 243쪽에서 일괄적으로 표기했습니다.

프롤로그

라디오와 오디오 DNA

여러분, '라디오' 하면 어떤 이미지가 떠오르세요?

혹시 이런 이미지 아닌가요? 라디오를 들을 수 있는 박스box가 있고 전파와 전파를 잡기 위한 안테나가 있습니다. 좀 더 생각해보면 커다란 송신탑이 있고 사연을 담은 편지가 있습니다. 어른들이 생각하는 라디오는 이런 이미지입니다. 그런데 최근엔 그런 고정관념이 많이 바뀌었어요. 다양한 형태의 라디오가 생겨났기 때문이죠. 심지어 라디오를 유형의 물건이 아니라 무형의 오디오 콘텐츠audio contents로 생각하는 사람들도 있습니다. 그렇습니다. 이제 라디오는 라디오 자체가 아니라 '오디오 콘텐츠'라고 불러야 합니다.

라디오를 잘 듣지 않는 요즘 청소년들에게 "라디오는 무엇인가요?"라고 묻는다면 어떤 대답을 할지 궁금합니다. 그들에게 라디오는 생소하고 인기 없는 매체이기 때문이죠. 최근 조사를 보면 좋아하는 프로그램을 정해놓고 라디오를 듣는다는 청소년의 응답률이 10%를 넘지 못한다고 해요. 인터넷이 나오기 전만 해도 라디오의 중요한 고객은 청소년들이었는데 세상이 참 많이 바뀌었습니다. 그럼에도 불구하고 라디오는 여전히 존재하고 있어요. 100년 넘게 사람들의 사랑을 받아온 방송의 조상이자 핵심이죠. 왜냐하면 영상 없이 소리만으로는 방송이 가능하지만 소리 없이 영상만으로는 방송을 내보내기가 좀 곤란하잖아요.

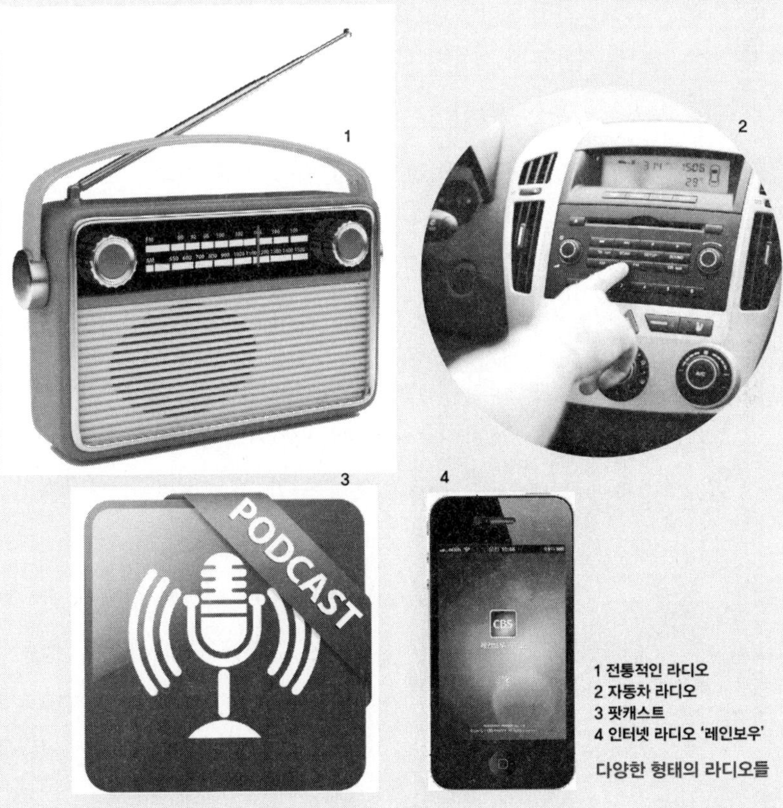

1 전통적인 라디오
2 자동차 라디오
3 팟캐스트
4 인터넷 라디오 '레인보우'

다양한 형태의 라디오들

그럼 이제 본격적으로 라디오 이야기를 하나씩 꺼내보겠습니다. 20년 넘게 라디오 PD로 일하고 있는 저는 '라디오키드radio kid'입니다. 초등학교에 들어가기 전인 1970년대 초반, 저녁마다 라디오에서 어린이 드라마 〈태권동자 마루치〉를 들었습니다. 마루치와 함께 악당 '파란해골 13호'를 물리치는 상상을 했고, 〈손오공〉을 들을 때는 위기에 처할 때마다 손오공이 머리털을 뽑아서 훅 불며 외치는 "우랑바리 나바롱 뿌따라까 뿔란냐"라는 주문을 신나게 따라 했어요. 소리만 들었는데도 제 머릿속에서는 주인공이 악당을 처단하는 장면이 그려졌고 40년이 지난 지금도 그 기억이 생생합니다.

중고등학교를 다니던 시절인 1980년대에는 황인용, 김기덕, 이종환 같은 전설의 DJ들이 들려주는 팝송에 푹 빠져 있었죠. 식구들이 잠든 밤늦은 시간까지 이어폰을 끼고 라디오를 듣다 잠이 들곤 했습니다. 요즘 청소년들이 스마트폰을 손에 쥔 채 잠이 드는 것과 마찬가지죠. 요즘은 라디오에 휴대폰 문자메시지나 인터넷 라디오, 카톡 등으로 사연을 보내지만 예전에는 손글씨로 예쁘게 꾸민 엽서를 많이 보냈습니다. 그래서 MBC 라디오에서는 매년 예쁜 엽서들을 모아 전시회도 열었답니다. "라디오 들으면서 무슨 공부를 하냐?"시던

태권동자 마루치 아라치

부모님의 꾸지람을 듣기도 했지만 공부할 때면 언제나 책상 한 켠에 라디오를 켜두었지요.

그렇게 자란 라디오키드들은 이제 어른이 되었고 아직도 라디오를 사랑합니다. 운전할 때도 듣고, 사무실이나 가게에서도 틀어놓고, 집에서 설거지할 때도 라디오를 듣습니다. 여전히 라디오는 우리의 공간을 채우며 대중의 사랑을 받고 있습니다. 뿐만 아니라 그 형태가 나날이 발전하고 있죠. 특히 라디오가 갖고 있는 '오디오 DNA'는 다양한 형태로 발전하고 있습니다. 예전에는 '볼 수 없다는 점'을 라디오의 단점이라고 생각했어요. 그래서 '보이는 라디오'처럼 라디오를 시각화하려는 시도도 했었답니다. TV 앞에서 약간 위축되기도 했고요. 그런데 비주얼 홍수시대인 요즘에는 눈을 편하게 해주는 'eye free'가 장점으로 부각되고 있습니다.

스마트폰을 하루 종일 쳐다보면 눈이 몹시 피곤합니다. 노안이 온 어른들에게 스마트폰의 화면은 너무 작습니다. 그래서 문자라도 보낼라치면 오타가 나기 일쑤죠. 덕분에 음성audio으로 작동되고 음성으로 대답해주는 서비스가 있으면 참 좋겠다는 생각도 하게 되지요. 비디오는 사람들의 눈을 피곤하게 합니다. 일상에서 분별없이 비디오 기기를 사용하다보면 위험에 빠질 수도 있고요. 운전 중에 지나가는 예쁜 여자를 쳐다보면 사고가 나듯이 자동차에서 DMB나 내비게이션을 보는 일은 피곤한 동시에 위험한 일이기도 합니다. 'eye free'*가 요즘 새로운 트렌드가 된 이유입니다.

2015년 1월에 있었던 세계 최대의 전자제품 박람회인 라스베가

* **eye free** : 눈을 자유롭게 하여 좀 더 편한 상태가 되는 것

스 전자쇼CES, Consumer Electronics Show에서 관심을 모았던 주제는 자동차와 전자 기술의 결합이었습니다. GPS를 이용한 차량제어 및 안전시스템, 정보검색 서비스 등의 첨단 장치들이 소개되었는데요. 자동차의 특성상 운전을 하며 장치를 조작해야 하기 때문에 손으로 터치하지 않고 눈으로 보지 않는 'hand free + eye free' 개념에 사람들의 관심이 모아졌습니다. 편의를 추구하는 욕구에서 출발해 음성으로 명령하고 음성으로 대답하는 기술이 발전하게 된 것이죠. 바로 이것이 진화하는 '오디오 DNA'입니다. 이제 라디오는 작은 상자를 벗어나 다양한 형태로 DNA를 퍼뜨리고 있습니다.

진화에 진화를 거듭하는 오디오 DNA

말만 하면 이루어지리라!!

현대자동차가 출시를 준비하고 있는 애플 IOS 기반의 '카 플레이car play' 이미지입니다. 자동차 라디오가 있던 자리에 아이폰 한 대가 딱 들어앉은 모양이네요. 미래에는 이런 자동차 장치들이 손으로 터치하지 않아도 음성만으로 작동될 것으로 예상됩니다.

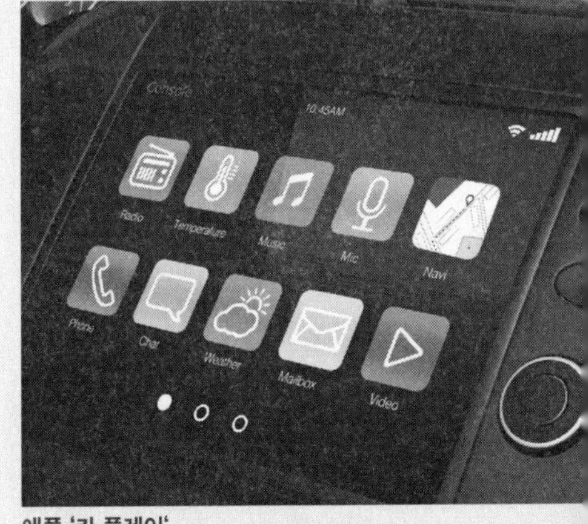

애플 '카 플레이'

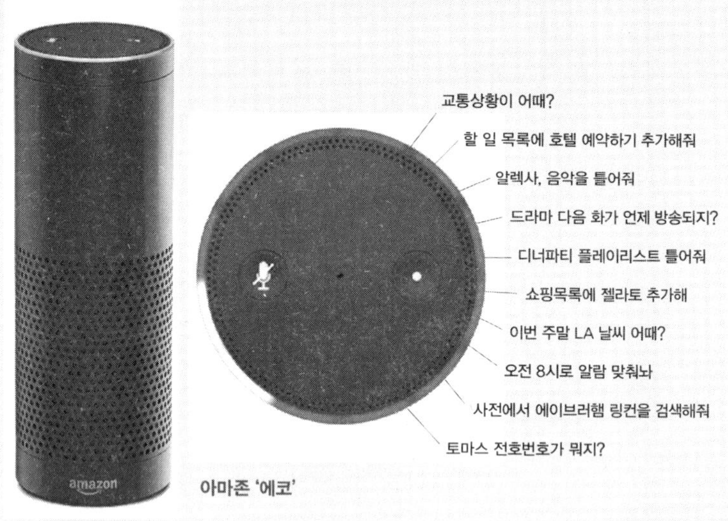
amazon
교통상황이 어때?
할 일 목록에 호텔 예약하기 추가해줘
알렉사, 음악을 틀어줘
드라마 다음 화가 언제 방송되지?
디너파티 플레이리스트 틀어줘
쇼핑목록에 젤라토 추가해
이번 주말 LA 날씨 어때?
오전 8시로 알람 맞춰놔
사전에서 에이브러햄 링컨을 검색해줘
토마스 전호번호가 뭐지?
아마존 '에코'

최근에 음성 DNA의 결정판이라고 생각되는 물건을 아마존*에서 내놓았습니다. 시커먼 원통 모양의 이 물건은 사방에 여러 개의 마이크가 달려 있어서 멀리 있거나 소음이 섞여 있는 곳에서도 주인의 목소리를 인지할 수 있다고 하는데요. 주인이 궁금한 것을 말하면 알렉사Alexa라는 이름이 붙은 여인이 음성을 알아차리고 대답을 해준다고 합니다. "알렉사! 오늘 날씨 어때?" 하고 물어보면 알렉사가 인터넷 검색을 해서 "비가 오니 우산을 챙기세요" 하고 바로 알려주고 "라디오 좀 틀어봐" 하면 인터넷 라디오 앱으로 연결해주지요. "쇼핑 목록에 젤라토 추가해줘" 하면 인터넷 쇼핑 장바구니에 젤라토를 넣어주겠죠? 한마디로 말하는 컴퓨터가 내장된 개인 비서입니다. 지금은 시커먼 원통 모양이지만 점점 더 예쁜 모양으로 진화하고 나중에는 인공지능AI을 장착한 사이보그 로봇이 될 수

* **아마존**(Amazon)

세계 최대의 인터넷 서점인 아마존은 초기 사업 모델에 안주하지 않고 끊임없이 새로운 비즈니스 모델을 창출하여 지난 10년간 약 10배에 달하는 고성장을 이뤄냈습니다. 1995년 인터넷 서점 창업 후 1996년 제휴 마케팅, 2006년 클라우드 컴퓨팅, 2007년 e-book 등으로 영역을 확장하면서 뛰어난 혁신성과 미래 성장가능성을 높이 평가받아 기업의 브랜드 가치도 꾸준히 상승하고 있습니다.

도 있지 않을까요? 한편으로는 라디오가 차지하던 거실 공간에 로봇이 들어앉을 수도 있겠다는 위기감도 있지만 분명한 건 오디오 DNA가 앞으로도 계속 우리의 주변에 남아 있을 것이라는 사실입니다.

MW-PO 520 550
FM 87,5 90
AFC
FULL AUTOMATIC STOP

미디어에 눈을 뜨자

chapter 1

바람이 불지 않을 때 바람개비를 돌리는 방법은 앞으로 달려나가는 것이다

_데일 카네기

미디어는 OOO이다?

'뉴 미디어', '미디어 플레이어', '미디어 관계법', 'DSP미디어', '미디어오늘' 등 미디어라는 단어를 인터넷에서 검색하면 아주 다양하게 쓰이는 것을 알 수 있습니다. 뉴스나 첨단 기술과 관련된 말 같기도 하고 음반회사나 영화제작사 이름 같기도 하죠. 방송사에서도 요즘은 '언론'이라는 표현보다는 '미디어'라는 말을 더 많이 씁니다. 왜 그럴까요? 곰곰이 생각해봤는데요. 이제 신문, 방송 같은 전통적인 언론매체들이 독야청청하는 시대는 지났고, 그들 역시 새로운 강자들이 우글거리는 거대한 미디어 시장에 뛰어들어 협력하고 경쟁해야 한다는 뜻이 아닐까 싶습니다.

국어사전을 보면 미디어media는 "어떤 사실이나 정보를 담아서 수

미디어 이정표
시대에 따라서 미디어는 생겨나고 공존하고 소멸하는데요. 빛, 소리, 동작 등의 신호로 출발해 문자와 인쇄 매체를 거쳐 전파와 인터넷으로 발전해왔지요.

용자에게 보내는 역할을 하는 매개체"라고 적혀 있습니다. 브리태니커 백과사전에는 "미디어는 정보를 축적할 수 있는 매체 또는 정보를 전송하는 역할을 하는 것을 말한다. 축적 매체로는 CD, USB 등이 있으며, 전송하는 역할은 우편, 신문, 잡지, 라디오, 인터넷 등이 있다"고 나와 있네요. 불을 피워서 적의 침입을 알리는 봉화(烽火)나 비둘기 통신도 오래된 미디어입니다. 또한 나무가 빽빽해서 봉화를 피워도 볼 수 없는 아프리카 정글에서는 북소리가 효율적인 미디어였겠죠?

비둘기와 봉화
책과 신문
NEWS
GLOBAL ECOLOGY;
IT'S NOT TIME TO FALL BACK
TV, 음반, 라디오
인터넷
http://www.
미디어의 발전

미디어, 매스미디어, 소셜미디어

미디어는 정보를 전달하는 방법에 따라 미디어media*, 매스미디어mass media, 소셜미디어social media 등으로 나눌 수 있는데요. 미디어가 정보를 그냥 담고 있기만 하고, 이동하지 않는다면 좌표에서 점點으로 표현할 수 있습니다. USB에 귀한 정보를 담았는데 아무도 열어보지 않는 경우에 해당하죠. 반면 봉화를 올려서 적의 침입을 차례로 알리거나 연인끼리 전화를 할 때 미디어는 1vs.1 관계의 선線으로 표현할 수 있습니다. 그리고 신문사가 신문을 발행해서 배달을 거쳐 수만 명이 보게 하는 것은 1vs.다수로 연결되는 부채꼴 모양으로 표현할 수 있겠죠. 이때부터 미디어는 다수의 대중에게 영향력을 미치기 때문에 미디어 앞에 대중이란 뜻의 매스mass를 붙여

매스미디어mass media가 되는 것입니다. 그렇다면 소셜미디어soial media는 어떤 모양으로 표현할 수 있을까요? 그림을 보고 생각해보세요.

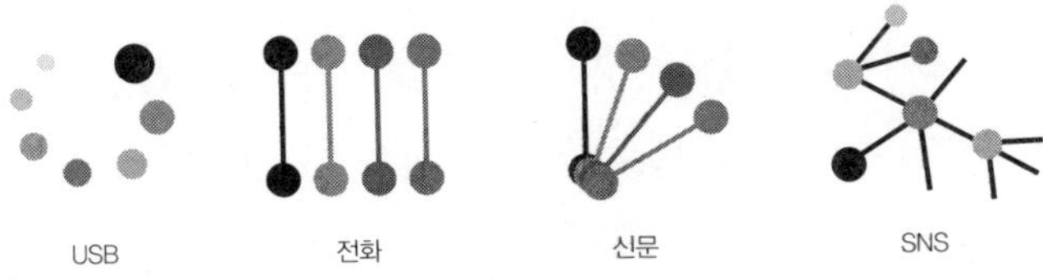

점과 선으로 표현한 미디어

* **미디어:** 캐나다 출신의 문화학자 마샬 맥루한(Herbert Marshall McLuhan)은 라디오를 '부족의 북'이라고 표현했어요. 개별적으로 살던 사람들이 족장이 치는 북소리를 들으면 가슴이 뛰고 집중하게 되는 것처럼 라디오에는 뭔가 핫한 것이 있다는 거죠. 그는 1964년 『미디어의 이해』라는 책에서 '미디어는 메시지다'라는 유명한 말을 했는데, 미디어가 단순히 정보를 담는 그릇이 아니라 그 자체로서 메시지를 가진다는 뜻입니다. 또한 1967년에는 미디어가 인간의 감각을 자극할 것이라는 견해를 담은 『미디어는 마사지다』라는 책을 냈는데요. 한동안 많이 쓰이던 지구촌(Global village)이라는 말도 맥루한이 만들어낸 유행어입니다.

매스미디어mass media

매스미디어는 '소수의 공급자'와 '다수의 수용자'라는 특징을 갖고 있습니다. 그렇기에 20세기에는 정보 집중성이 강한 소수의 매스미디어가 정치적으로나 사회적으로 커다란 영향력을 행사할 수 있었지요. 다수의 대중을 직접 상대하지 않고도 국민 전체를 효율적으로 통치하게 된 거예요. 매스미디어만 장악하면 문제없었으니까요. 권력을 가진 사람들은 속으로 쾌재를 불렀겠죠. 매스미디어는 또한 사회, 경제적으로도 많은 영향을 미쳐서 20세기 소비사회를 촉진시켰습니다. TV와 라디오에서 무차별적으로 내보내는 상업 광고는 사람들의 욕망을 자극했고, 대량생산과 대량소비로 이어지는 소비의 시대를 열었습니다.

1960년대 서구 자본주의는 제2차 세계대전의 폐허 속에서 전후 복구기를 거쳐 본격적인 대량 소비사회로 접어들었습니다. 공장에서는 물건이 대량으로 쏟아져 나왔는데요. 가정 필수품이 된 라디오와 TV에서는 소비가 미덕이라며 상품을 구매하여 쓰라는 광고가 되풀이 됐습니다. 1953년에 등장한 컬러 TV는 사치품을 더 고급스럽게 포장했습니다. TV는 상업 광고뿐 아니라 쇼, 드라마 등에서도 이미지를 쏟아내고 소비를 자극했습니다. 마릴린 먼로에서 브룩 실즈, 안젤리나 졸리까지 미녀의 기준도 TV가 만들어냈습니다. TV가 지배하는 세상에서 물건의 소비는 사용 가치에 의해서만 결정되지 않습니다. 사람들이 TV가 만들어낸 이미지와 기호嗜好를 소비하게 되었거든요. 무슨 뜻이냐고요? 사람들은 「별에서 온 그대」에서 전지현이 걸치고 나왔던 코트를 너도 나도 따라서 삽니다. 한 개에 수백만 원을 호가하는 명품가방도 사용가치로만 구매하지는 않아요. 럭셔리한 의류나 가방 등을 소유하여 "나도 이만큼 잘나가는 사람이거든" 하고 뽐내는 거죠. 이미지와 기호嗜好, preference가 소비의 중요한 동기가 된 셈입니다.

독점적인 소수의 매스미디어를 통해 확산되는 정보와 이미지는 과연 진실일까요? 뉴스는 항상 진실만을 이야기할까요? 사람들은 드라마가 허구라는 것을 알지만 사실처럼 착각합니다. TV 쇼에 나오는 걸그룹은 모두 청순하게 보이지만 과연 그럴까요? 이순재 할아버지가 나와서 "묻지도 따지지도 않는다"는 보험 광고는 그대로 믿어도 될까요? 혼란스럽습니다. 매스미디어의 시대에 살고 있는 일반 대중은 사실 모두 속고 있는지도 모릅니다.

어느 것이 진실이고, 어느 것이 속임수인가?

파이프를 파이프라 하지 못하고…

이것은 파이프가 아니다 _르네 마그리트

위의 그림은 벨기에가 낳은 세계적인 초현실주의 화가인 르네 마그리트René Magritte의 그림인데요. 아래 글씨는 프랑스어로 "이건 파이프가 아니다Ceci n'est pas une pipe"라는 말입니다. 그림 제목이죠. 담배 파이프를 그려놓고 파이프가 아니라니, 도대체 무슨 말이냐고요? 그런데 사실입니다. 저것은 파이프가 아닙니다. 저것은 종이입니다. 엄밀히 말하면 파이프가 그려진 종이죠. 매스미디어의 시대에 우리는 어느 것이 진실인지, 어느 것이 이미지와 속임수인지 헷갈립니다.

최근에 여성 래퍼 졸리브이가 자신의 인스타그램에 의미심장한 그림을 한 장 올렸는데요, 어떤 그림인지 한번 볼까요? 어떤 사람이 칼을 들고 누군가를 공격하려 합니다. 그런데 카메라가 일부분만 비춰주는 바람에 피해자와 가해자가 순식간에 바뀌어버렸군요. 미디어가 사실을 왜곡할 수도 있다는 것을 보여주는 그림입니다.

악마의 편집

소셜미디어social media

그런데 21세기 들어 미디어 환경이 확 달라집니다. 행정부, 입법부, 사법부에 이어 제4의 권력이라고 불리던 매스미디어에 소셜미디어가 도전장을 내민 거예요.

매스미디어 (신문, TV, 라디오, 잡지)	소셜미디어 (페이스북, 트위터, 카카오톡)
소수의 공급자–다수의 소비자 일방형, 직선형	**다수의 공급자–다수의 소비자** 쌍방형, 방사형

매스미디어 vs. 소셜미디어

트위터twitter*, 페이스북facebook**, 카카오톡*** 등의 소셜미디어는 정보의 확산 속도가 매스미디어보다 훨씬 빠릅니다. 매스미디어가 단순한 곱하기× 라면 소셜미디어는 제곱a^2, 또는 세제곱a^3의 속도로 정보가 확산됩니다. 수십만 명의 팔로워follower를 가진 파워 트위터리안은 유력 일간지의 기자記者 못지않은 영향력을 가집니다. 반대로 유명인이 SNS상에서 경솔한 말을 무심코 내뱉었다가 집중포화를 당하기도 하고, 네티즌 수사대라는 말이 있을 정도로 특정인의 사생활이 낱낱이 공개되기도 합니다. 언론사도 SNS를 적극 활용해 자사의 콘텐츠를 확산시키려 하고, 기업도 SNS를 통해 제품을 홍보하고 판매합니다.

* **트위터 :** 2006년 3월 미국 샌프란시스코 지역의 벤처 기업인 오데오(Odeo, Inc.)의 에반 윌리엄스(Evan Williams)와 노아 글래스(Noah Glass)가 고안한 연구 개발 프로젝트에서 출발해서 2007년에 독립회사가 되었습니다.

** **페이스북:** 2003년 10월 하버드대학교 2학년생 마크 주커버그(Mark Zuckerberg)가 페이스매시(facemash)라는 이름으로 서비스를 시작했는데 처음에는 하버드대 학생들끼리만 이용할 수 있게 했다가 나중에 아이비리그 대학과 고등학교까지 확대시켰고 이름도 페이스북(facebook)으로 바꿨습니다.

*** **카카오톡 :** 우리나라 국적의 모바일 메신저 서비스로 2014년에 포털업체인 다음과 합병해 '다음 카카오'로 출범했는데 합병하자마자 사용자들에 대한 정보기관의 사찰문제가 논란이 돼 곤욕을 치르기도 했습니다.

중동에서는 오랫동안 철권통치를 했던 권력자들이 SNS의 힘 앞에 맥없이 무너졌습니다. 재스민혁명*이라고 들어보셨죠?

재스민 혁명을 보며 권력자들은 소셜미디어를 무시할 수 없다는 사실을 깨달았습니다. 과거에는 소수의 매스미디어만 통제하면 권

* **재스민 혁명 :** 2010년 튀니지의 26살 청년이 부패한 경찰의 노점상 단속에 항의하며 분신자살을 합니다. 정부의 통제를 받는 제도권 매스미디어는 이 사건을 덮었지만 진실은 SNS를 타고 번져나갔습니다. 이 일에 대해 항의하는 반정부 시위가 전국에서 일어났고 결국 튀니지 대통령이 국외로 망명하여 24년간 계속된 독재정권이 붕괴됐습니다. 재스민이 튀니지를 대표하는 꽃이기 때문에 재스민 혁명이란 이름이 붙었죠. 아랍권의 민주화 운동은 튀니지에 머무르지 않고 이집트, 리비아 등 다른 아랍 국가에도 확대되어 아랍권 전체에 큰 변화를 가져왔습니다. 이렇게 아랍권 민중들을 결집시키는 데는 SNS의 힘이 컸습니다.

력을 유지할 수 있었지만 이제는 그것으로도 모자라 소셜미디어까지 통제하려고 합니다. 그래서 정보기관 요원들이 개인당 수십 개의 SNS 계정을 만들어 여론전을 하고 있었겠죠? 소셜미디어가 국가체제에 미치는 영향력을 보자 중국 정부는 트위터와 페이스북을 중국 내에서 아예 금지해버렸습니다. 이제 우리는 매스미디어와 소셜미디어가 공존하고 있는 세상에 살고 있습니다.

미디어 춘추전국시대의 대한민국

2002년 월드컵을 앞두고 정부는 우리나라를 표현하는 영어 수식어를 공모했습니다. 많은 국민들이 투표를 했는데요. 그 결과 채택된 것이 'Dynamic Korea'였습니다. 그만큼 국민들에게 우리나라가 역동적이라는 공감이 있었던 것이죠. 생각해보면 6·25 전쟁 이후 불과 30~40년 만에 우리나라는 세계 최빈국에서 시작해 선진국 수준의 경제성장과 함께 정치적 민주화도 이뤄냈습니다. 올림픽과 월드컵을 모두 개최했고요. 이제는 동계 올림픽도 눈앞에 두고 있습니다. 60~70년대에는 출산 붐이 일어 인구가 폭발적으로 늘더니 이제는 출산율이 세계 최저 수준으로 곤두박질쳤습니다. 모든 분야가 다이나믹하게 급변하고 있지요. 미디어 시장도 마찬가지입니다.

우리나라의 미디어 시장은 세계 어느 나라보다 빠르게 변화하고 있습니다.

최근 우리나라 미디어 시장의 지형을 보면 '인쇄매체신문, 잡지의 쇠퇴', '영상매체의 다양화', '인터넷의 도약특히 모바일'으로 요약할 수 있습니다. 그 변화의 속도 역시 갈수록 빨라지고 있고요. 너무 빨라서 불과 몇 년 후를 예상하기 어려울 정도지요. 1980년대만 해도 우리나라의 매스미디어는 대여섯 개의 일간신문조선, 동아, 중앙, 한국, 경향, 서울신문 정도과 KBS, MBC, CBS 등 서너 개의 지상파 방송이 전부인 독점체제였습니다. 그런데 1990년대 들어 상황이 많이 달라졌습니다. 민영방송인 SBS가 생겨났고, 이어 40여 개 프로그램 공급업체program provider가 참여하는 유선방송CATV이 생겨났습니다. 그리고 2000년대 초반에는 접시 모양의 안테나를 달고 TV를 보는 스카이라이프SkyLife 위성방송이 등장하면서 수십 개의 TV 채널이 추가됐습니다. 또한 몇 년 전에는 '조선, 중앙, 동아, 매경' 등의 유력 신문사들까지 방송시장에 뛰어들었습니다. 불과 20년 사이에 TV채널이 서너 개에서 100개 이상으로 늘어난 것입니다.

라디오 쪽도 1990년대 들어 '교통방송TBS, 평화방송PBC, 불교방송BBS, SBS라디오' 등이 잇따라 생겨났습니다. 그 이후에도 '국악방송, 원음방송, YTN라디오' 등 수많은 라디오 채널이 탄생했죠. 독과점 성격이 강했던 방송시장이 경쟁체제에 돌입했군요. 20년 전만 해도 10마리 정도의 물고기가 헤엄치던 연못에 이제는 100마리가 넘는 물고기들이 먹이와 공간을 놓고 다투고 있는 셈입니다.

아~ 평화롭고
살 만하여라~
먹이도 부족하고
산소도 부족해! 헉… 헉…

어항 속 물고기들의 경쟁

인쇄매체 쪽은 부침浮沈이 더 심합니다. 불과 10년 전만 해도 지하철을 타면 사람들은 스포츠신문을 펼쳐서 읽곤 했습니다. 서울신문이 발행하는 《스포츠서울》이나 한국일보가 발행했던 《일간스포츠》가 짭짤한 수익을 내자, 조선일보는 《스포츠조선》을 만들었고, 국민일보는 《스포츠투데이》라는 스포츠 일간신문을 만들었어요. 그렇게 투자를 했는데, 어느 날 갑자기 스포츠신문이 지하철에서 사라져버립니다. 사람들이 돈을 내고 스포츠신문을 사지 않기 시작했거든요. 공짜로 볼 수 있는 무가無價신문이 등장했기 때문이지요. 《메트로metro》, 《포커스focus》 등의 무가신문들이 지하철을 점령했습니다. 선발주자인 《메트로》가 성공하자 《포커스》, 《am7》, 《데일리노컷》, 《데일리 줌》 등 여러 종류의 무가신문이 나왔죠. 하지만 무가신문의 시대도 길지 않았습니다. 이유를 짐작할 수 있을 텐데요. 바로 스마트폰이 등장했기 때문입니다. 무가신문은 사라지고 그 자

지하철을 점령한 스마트폰

리를 스마트폰이 차지했어요. 요즘에는 열 명 중 아홉 명이 지하철에서 스마트폰을 보고 있습니다. 10년 만에 지하철 안의 풍경이 완전히 바뀐 거죠. 앞으로 10년 후에는 지하철 안에서 어떤 모습을 보게 될까요? 다들 웨어러블 컴퓨터wearable computer*인 '구글 글래스'를 끼고, 신체 스크린을 들여다 보고 있지 않을까요?

* **웨어러블 컴퓨터**(wearable computer): 의복이나 안경처럼 몸에 착용해서 사용하는 컴퓨터를 말합니다. 구글 글래스는 실제로 수술 때 의사들에게 CT나 MRI를 통해 수집된 생체 정보를 실시간으로 제공해주기도 하고요. 축구감독이 선수들의 뛴 거리, 상대편의 공격루트, 패스성공률 등을 제공받아 작전에 활용한다고 합니다. 입는 컴퓨터는 사람의 체온이나 맥박 등을 인식해서 냉난방등의 자동제어시스템과 연결할 수도 있죠. 센서를 달고 인터넷에 연결해 운동량을 측정하는 운동화도 웨어러블의 일종입니다.

이렇게 우리나라의 미디어 시장은 몇 년 앞을 내다 볼 수 없을 만큼 경쟁이 치열합니다. 다시 라디오로 돌아가볼까요. 라디오는 1970년대 우리나라에 TV가 대량 보급된 이후 주류 매체로서의 지위는 잃었지만 급격한 쇠퇴 없이 꾸준히 사랑을 받아왔습니다. 마치 바퀴벌레와 같은 질긴 생명력이죠. 그리고 향후에도 인터넷을

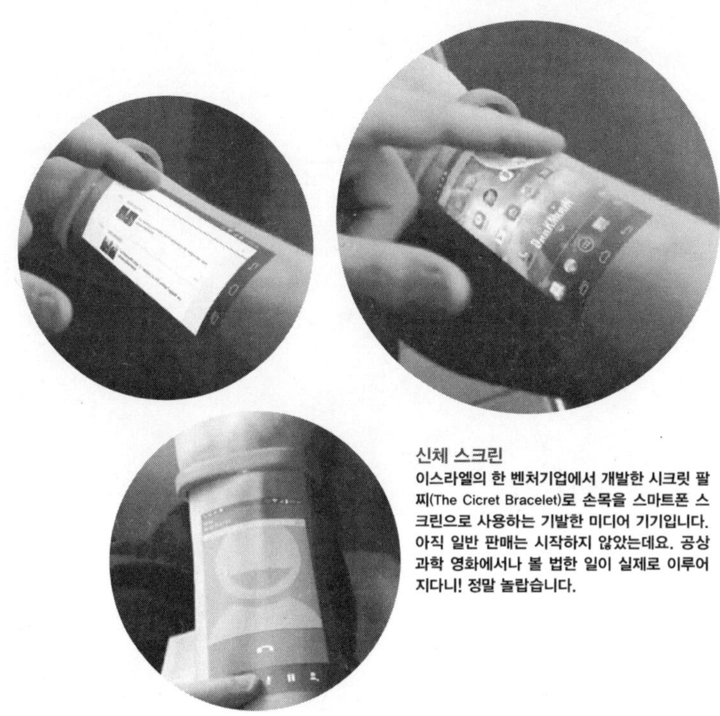

신체 스크린
이스라엘의 한 벤처기업에서 개발한 시크릿 팔찌(The Cicret Bracelet)로 손목을 스마트폰 스크린으로 사용하는 기발한 미디어 기기입니다. 아직 일반 판매는 시작하지 않았는데요. 공상과학 영화에서나 볼 법한 일이 실제로 이루어지다니! 정말 놀랍습니다.

비롯한 첨단 기술과 결합한다면 좀 더 나은 오디오 서비스를 제공하게 될 것입니다. 아마도 그때는 라디오라는 말 대신 오디오 서비스라는 말이 더 많이 쓰일 수도 있겠죠? 오디오 DNA는 결코 죽지 않을 것입니다.

~1980년대	1990년대	2000년대	2010년대	미래
신문, 방송의 독과점 시대	Cable TV의 등장과 영상매체의 다양화	인터넷 대중화 무가신문 등장 신문의 쇠퇴	모바일과 SNS, 종편의 등장과 지상파의 쇠퇴	hand free eye free wearable

우리나라 매스미디어의 변화

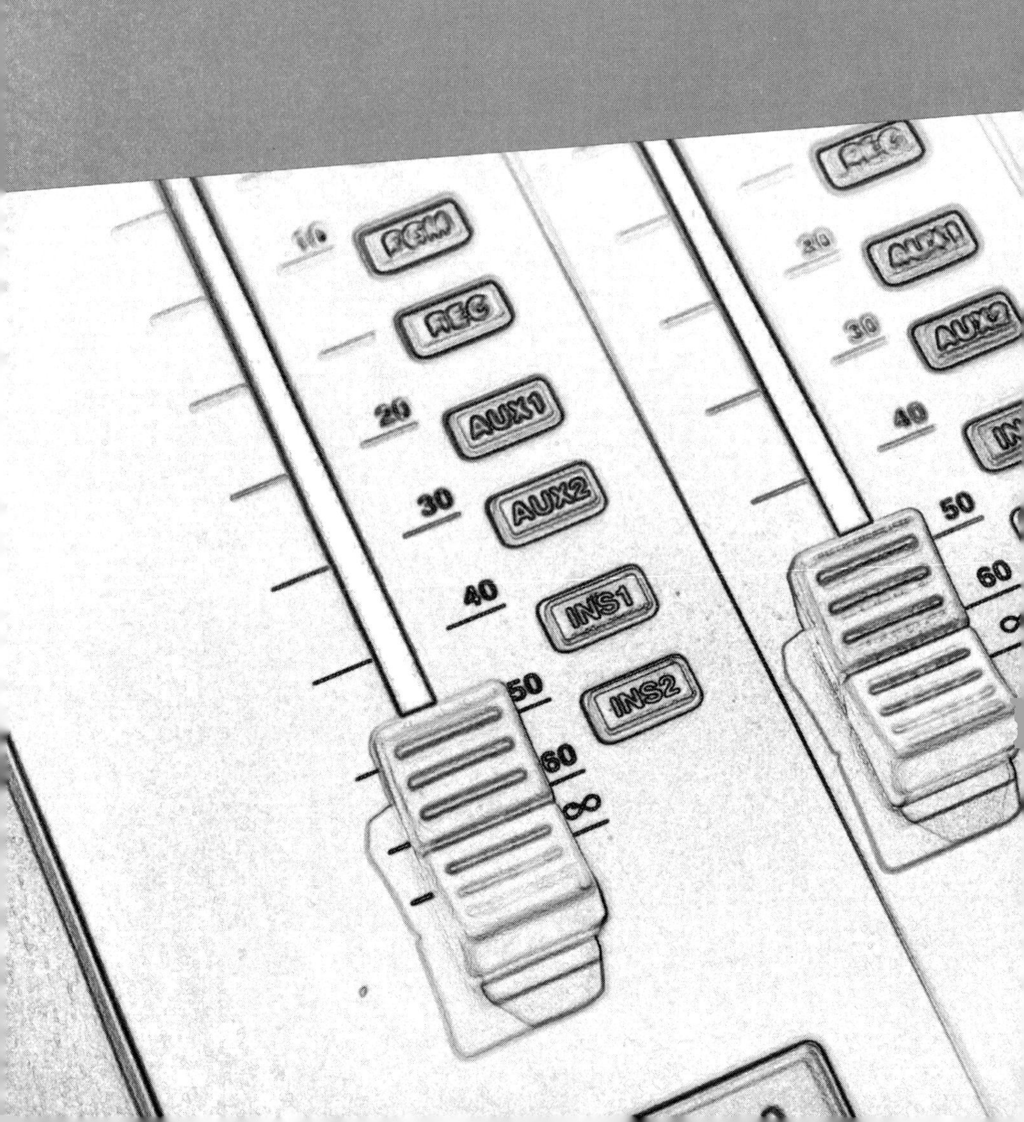
PGM
REG
20
AUX1
30
AUX2
40
INS1
50
INS2
60
∞
AUX1
30
AUX2
40
50
60

chapter 2

라디오,
너는 누구냐?

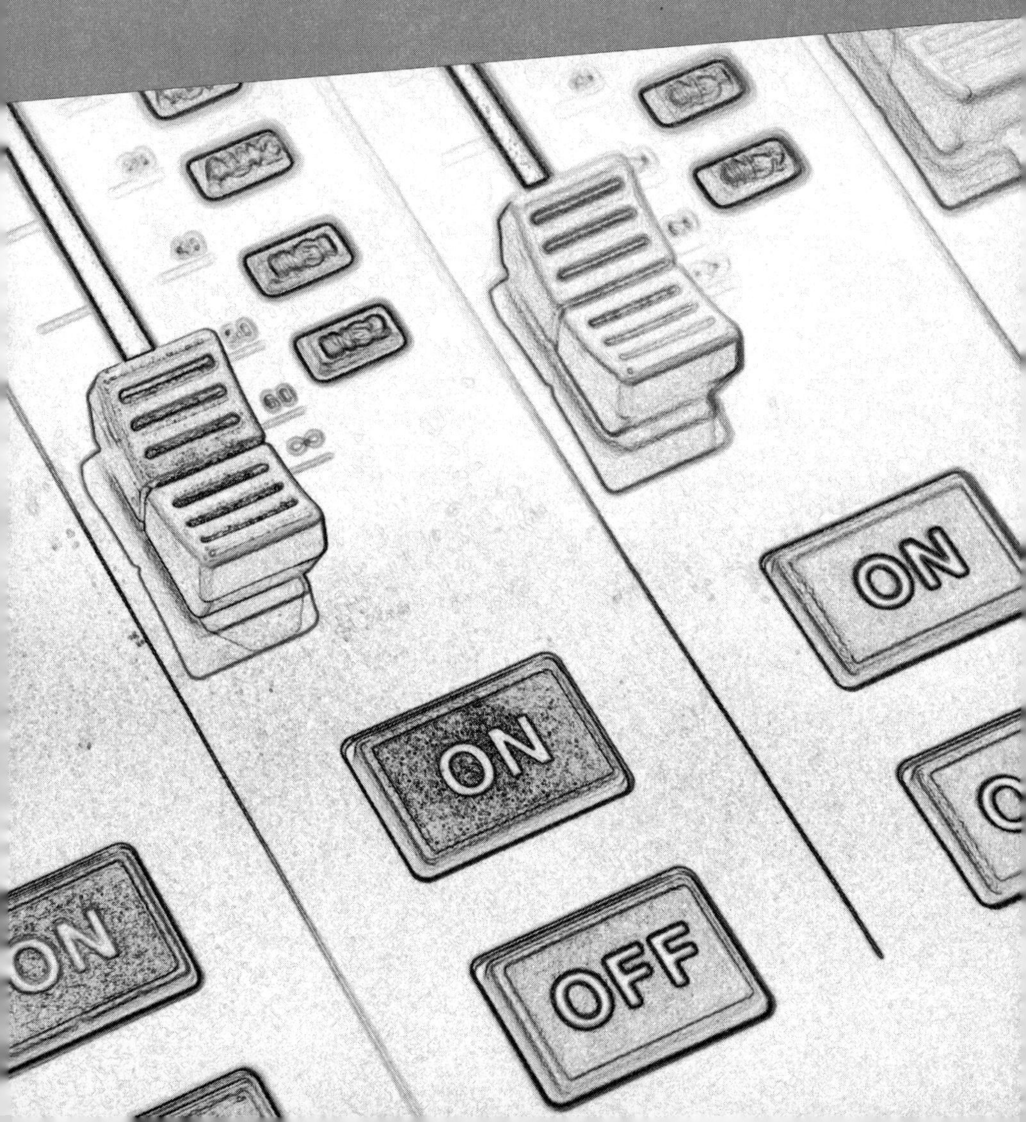

chapter 2

당신은 움츠리기보다 활짝 피어나도록 만들어진 존재입니다

_오프라 윈프리

소리로 이야기를 전달하는 라디오

"라디오는 소리sound를 전달하는 미디어입니다." 네, 언뜻 들으면 맞는 말이지만 좀 부족한 표현이죠? 소리나 음악만 듣는 것이 라디오라면 요즘 많이 듣는 음악 스트리밍 서비스streaming service와 라디오가 뭐가 다를까요? "아하! 라디오는 말도 하는구나. 말을 한다는 건 이야기가 있다는 거니까 라디오는 '소리sound로 이야기story를 전달하는 미디어'로구나!" 그렇습니다. 라디오는 '소리로 이야기를 전달'합니다. 청취자들에게 전달된 이야기는 상상력과 공감을 불러일으킵니다. 이것이 라디오의 진짜 매력이죠. 자, 그럼 이제 라디오 이야기를 본격적으로 해볼까요?

라디오 이전의 통신기술

유선 전기통신

라디오 이전의 세계는 신문新聞, newspaper의 시대였습니다. 인쇄매체가 미디어의 주류였어요. 오죽했으면 미국의 3대 대통령 토마스 제퍼슨Thomas Jefferson이 "신문 없는 정부를 선택하느니 정부 없는 신문을 선택하겠다"는 말을 했겠습니까? 물론 여기서 신문은 '언론의 자유'를 뜻하는 것이긴 하지만요. 그렇게 신문의 독주시대가 계속되다가 19세기 들어서 변화가 생깁니다. 과학기술이 발달하면서 전기를 이용한 통신이 등장한 덕분이지요. 전기통신 가운데 가장 먼저 등장한 것은 1837년 미국인 새뮤얼 모스Samuel Morse

가 모스부호morse code를 활용해 개발한 전기통신전신, electronic communication이었습니다. 모스부호를 활용한 전기통신은 1844년 미국 워싱턴 D.C와 볼티모어 사이의 6km를 잇는 전신노선으로 처음 등장한 이후 급속도로 확대되었습니다. 원리는 짧은 음과 긴 음의 전기신호를 조합해 알파벳 글자를 표시하는 것인데요. 국제조난 구조신호인 SOS는 [··· - - - ···] 로 통일돼 있습니다. 요즘도 사용되는 전보가 바로 모스부호를 활용한 것이죠. 그런데 모스의 전기통신을 이용하기 위해서는 전선wire을 깔아야 했습니다. 초창기에는 전선을 따로 설치하는 일이 경제적으로나 물리적으로 비용이 많이 들었고 관리도 쉽지 않았죠. 그러다가 19세기 말, 철도가 확장되면서 전신은 철도망을 이용해 손쉽게 확산됐습니다.

문자	모스 부호	문자	모스 부호
A	● ▬	N	▬ ●
B	▬ ● ●	O	▬ ▬ ▬
C	▬ ● ▬ ●	P	● ▬
D	▬ ● ●	Q	● ▬
E	●	R	● ▬ ●
F	● ● ▬	S	● ●
G	▬ ▬ ●	T	▬
H	● ● ● ●	U	● ● ▬
I	● ●	V	● ● ● ▬
J	● ▬ ▬ ▬	W	● ▬ ▬
K	▬ ● ▬	X	▬ ● ● ▬
L	● ▬ ● ●	Y	▬ ● ▬ ▬
M	▬ ▬	Z	▬ ▬ ● ●

알파벳 모스 부호

모스의 전신이 부호를 먼 거리에 전달하는 시스템이라면 전화는 소리를 멀리 전달하는 기능을 합니다. 소리를 전달한다는 측면에서 전화는 라디오의 중요한 선행先行 미디어인 셈이죠. 전화는 1876년 미국인 알렉산더 그레이엄 벨Alexander Graham Bell*이 특허 등록을 했는데요. 이때 전화로 새로운 소식과 음악, 설교, 강연, 등의 메시지를 전달하는 원시적 라디오 형태의 방송도 등장했습니다.

* **알렉산더 그레이엄 벨**(Alexander Graham Bell) **:** 알렉산더 그레이엄 벨보다 16년 먼저 전화기를 만든 사람이 있었습니다. 이탈리아 사람 안토니오 무치(Antonio Meucci)인데요. 무치는 너무 가난해서 전화를 발명한 후에 정식 특허 등록을 하지 못했고 임시 특허 등록만 해야 했어요. 그러다가 벨이 전화에 대한 특허 등록을 하자 이를 문제 삼아 소송을 벌였는데요. 승소를 눈앞에 두고 갑자기 심장마비로 사망했습니다. 그래서 벨을 전화의 최초 발명자가 아니라 최초 특허 등록자라고 이야기합니다.

19세기에 나온 모스의 전신이나 벨의 전화는 통신 역사상 획기적인 발명품들이었지만 둘 다 전선wire이 필요하다는 제약이 있었습니다. 하지만 20세기가 시작되자마자 통신은 빠르게 무선wireless의 시대로 넘어갑니다.

무선 전기통신

우리 주변에 항상 있지만 고마움을 모르고 사는 것들이 있습니다. 공기, 햇빛, 물 같은 것들이죠. 보이지 않고, 무게도 없고, 냄새도 없어서 우리가 인지하기 어려운 '전파'도 마찬가지입니다. 전파가 없다면 어떻게 될까요? 세상은 혼란에 빠지겠죠? 이제 전파 없는 세상은 상상도 할 수 없게 됐습니다.

인간이 전파의 존재를 알게 된 것은 19세기 말 무렵입니다. 1871년 영국의 수학자이자 물리학자인 맥스웰Maxwell, James Clerk이 전파의 존재를 수학적으로 입증했거든요. 그 후 독일의 물리학자 하인리히 헤르츠Heinrich Rudolph Hertz가 두 개의 구球 사이에 교류 전기를 이용해 스파크를 일으키는 실험을 하다가 약간 떨어져 있는 철사 고리에 전류가 흐르는 것을 발견합니다. 헤르츠는 스파크에 의해 발생한 전파가 빛처럼 반사되는 특징을 가지며 빛과 똑같은 속도를 지닌다는 것도 발견했죠.

이어서 1894년에 이탈리아의 물리학자 굴리엘모 마르코니Guglielmo Marconi가 전자기파를 무선으로 송수신하는 장치를 개발했어요. 특허를 출원한 마르코니는 이탈리아 정부에 지원을 요청했는데 이탈리아 정부가 관심을 보이지 않았습니다. 그러자 마르코니는 어머니의 나라인 영국으로 건너가서 다시 특허를 획득했습니다. 더 나아가 영국 정부는 마르코니의 무선전신 작업을 적극적으로 후원했습니다. 당시 영국은 '해가 지지 않는 나라'라는 말을 들을 만큼 세계 각지에 많은 식민지를 갖고 있었습니다. 당연히 식민지를 오가는 선박도 많았겠죠? 또한 중상주의* 정책으로 교역량도 많이 늘어났습니다. 이런 상황에 있는 영국 정부 입장에서 볼 때 마르코니의 무선통신 기술은 꼭 필요한 것이었죠.

* **중상주의(重商主義)** : 16세기 말부터 18세기에 걸쳐 유럽에서 지배적이었던 경제 이론 및 정책입니다. 나라의 부를 늘리기 위해 상업을 중요시하고, 보호 무역주의의 입장에서 수출 산업을 육성하여 무역 차액으로 자본을 축적하려 하였죠.

영국 정부의 후원 아래 마르코니는 1899년 영국과 프랑스 사이에 있는 도버해협에 무선전신을 설치했고, 1901년에는 대서양을 횡단하는 무선통신에 성공했습니다. 그 공로로 마르코니는 1909년에 노벨 물리학상을 받았는데요. 그때까지도 마르코니의 무선통신은 무선으로 모스신호를 보내는 정도였지 음성을 싣지는 못했습니다.

무선통신의 시작은 많은 발명가들에게 "무선으로 음성을 전할 수는 없을까?" 하는 도전정신을 심어주었는데요. 1906년 12월 24일 크리스마스이브에 드디어 역사적인 사건이 벌어집니다. 캐나다인 페선던Reginald A. Fessenden이 미국 매사추세츠의 한 기지국에서 대서양을 오가는 선박들을 향해 인류 최초의 라디오 방송에 성공한 것입니다. 당시 대서양을 오가는 큰 선박에는 무선통신 장비가 설치돼 있었지만 이어폰을 통해 들을 수 있는 소리는 뚜-뚜우-뚜 하는 모스신호뿐이었죠. 그런데 어느 순간, 갑자기 사람 목소리가 들리는 거예요.

"Merry Christmas and a Happy New Year"

페선던 가족이 전하는 성탄축하 인사에 이어 에디슨 축음기에서 흘려보낸 '헨델의 라르고'가 들려왔습니다. 이 곡이 끝나자마자 이번에는 사람이 직접 연주하는 크리스마스 성가 'Oh holy night'이 들려왔고요. 당연히 선원들은 깜짝 놀랐겠죠? 아마 유령이 나타났다고 생각한 사람도 있었을 겁니다. 아무튼 인류 최초의 라디오 방송은 이렇게 극적으로 등장했습니다.

그 후 미국인 포리스트Lee De Forest는 1908년에 프랑스 파리 에펠탑 위에서 오페라 방송 실험을 했고요. 1915년부터 자신의 공장에 전파탑을 세우고 음악방송을 시작했습니다. 하지만 정규방송은 아니고 시간 날 때마다 그냥 즉흥적으로 음악을 내보낸 정도였죠. 이런 실험의 영향으로 포리스트는 당시 아마추어 무선가들 사이에서 그야말로 영웅이 되었습니다. 이때부터 메시지를 광범위하게 던져서 전달하는 행위인 '방송Broadcasting = Broad + Casting'이라는 말이 등장했고 '무선wireless'이라는 말 대신 '라디오radio'라는 개념이 확산되었습니다. 이 시기의 라디오에는 스피커가 없었기 때문에 오직 이어폰으로만 들을 수 있었어요. 정규방송을 하는 방송국도 없었기에 아마추어 무선기사들끼리 무작위로 주파수를 맞추고, 음성을 송신하다가, 우연히 신호를 잡아내는 식이었습니다. 일종의 고급 취미에 불과했지요. 긴 안테나를 공중에 휘두르면서 전파를 낚아야 했기 때문에 '공중 낚시'라는 별명도 얻었답니다.

타이타닉호와 라디오의 발전

1997년 레오나르도 디카프리오와 케이트 윈슬렛이 주연을 맡았던 영화 「타이타닉」이 개봉했습니다. 전 세계적으로 2억 명 정도가 볼 만큼 흥행에 성공했고 셀린 디온이 부른 주제곡 'My heart will go on'은 미국 빌보드차트에서 8주 동안 1위를 차지했는데요. 이 영화에 등장하는 타이타닉호의 침몰이 라디오 발전에 큰 영향을 미쳤다고 하면 여러분은 깜짝 놀라겠지요?

영화 「타이타닉」 포스터

1912년 4월. 세계 최대의 초호화 유람선인 타이타닉호가 영국을 떠나 미국 뉴욕으로 항해하고 있었습니다. 배 길이가 무려 269m이고 이중바닥으로 설계돼 관계자들은 배가 절대 침몰하지 않을 것이라고 호언장담했지요. 하지만 타이타닉호는 첫 출항에서 그만 2천 2백여 명의 승객을 태운 채 빙산과 부딪히고 맙니다. 칠흑 같이 어두운 밤, 육지로부터 600km 이상 떨어진 바다에서 빙산과 부딪힌 배라면 당시로서는 아무도 모르게 가라앉을 수밖에 없었을 것입니다. 하지만 타이타닉호에는 당시 최첨단이라고 할 수 있는 무선통신장치가 장착돼 있었어요. 그래서 타이타닉호는 빙산 충돌 직후 무선통신을 가동해 조난 신호를 보냈습니다. 이 신호를 수신하고 대서양을 지나던 배 10여 척이 타이타닉호를 향해 달려왔습니다. 또한 타이타닉호의 침몰 소식은 무선을 통해 사고 몇 시간 안에 전 세계에 알려졌습니다. 타이타닉호의 무선통신 덕분에 그나마 745명의 승객들을 구조할 수 있었고 전 세계는 무선통신의 위력을 실감했습니다. 만약 무선통신이 없었다면 타이타닉호는 아무도 모르게 침몰했을 테고 사건은 미스터리로 남았을 것입니다.

이 사건을 계기로 사람들은 무선통신에 더욱 열광하게 되었고 아마추어 무선Ham operator이 빠르게 확산되었습니다. 그런데 사건 당시 아마추어 무선을 통해 "타이타닉호 승객 전원이 구조됐다"는 등의 유언비어가 퍼지기도 했습니다. 주파수를 마구잡이로 사용하다 보니 전파 혼신混信이 생겨 정작 필요한 때에 무선통신을 이용하지 못하는 일이 벌어지기도 했지요. 이런 이유로 타이타닉 침몰 넉 달 후에 미국 의회는 '라디오법Radio Act'을 제정해 전파관리의 틀을 만들었습니다.

타이타닉호가 출항하던 시기는 속도와의 경쟁을 하던 시기였습니다. 좀 더 큰 배를 만들고 좀 더 빠르게 대서양을 횡단하는 경쟁에 불이 붙었던 시대였죠. 타이타닉호의 비극도 그런 시대적 배경 속에서 이해해야 하지 않을까 싶습니다. 이후 영국, 프랑스, 독일 등 유럽 열강들 사이의 치열한 경쟁은 결국 제1차 세계대전을 불러일으켰는데요. 전쟁 기간 중 무선통신 기술은 군사적 필요에 의해 더욱 발전합니다. 그리고 1918년 전쟁이 끝나자 통신기술을 가지고 제대한 군인들이 민간인 신분으로 라디오 방송사에 들어가면서 라디오는 또 한 번 도약하게 됩니다.

아마추어 무선이 확산되면서 사람들 사이에서 아마추어 무선송수신용 라디오에 대한 구입이 늘어났습니다. GEGeneral Electric나 웨스팅하우스Westinghouse 같은 미국의 전기 통신 회사들은 제1차 세계대전 기간에 군수품을 납품하면서 상당한 이익을 얻었는데요. 전쟁이 끝나니 이제 새로운 수익 모델을 만들어야 했습니다. 그래서 웨스팅하우스는 어떻게 하면 무선통신사들에게 라디오를 많이 팔 수 있을까 고민하다가 1921년 세계 최초로 피츠버그에서 정규 프로그램을 편성하는 라디오 방송국인 'KDKA'를 개국합니다. 그리고 같은 해 11월에 미국 대통령 선거 개표 방송을 실시간으로 중계했습니다. 개표 중간의 비는 시간에 방송국은 축음기를 틀거나 악사들이 직접 연주하는 음악을 내보냈는데요. 비록 청취자는 극소수였지만 라디오는 하딩Warren G. Harding이 미국의 제 29대 대통령이 됐다는 사실을 가장 빨리 사람들에게 알려줌으로써 깊은 인상을 남겼습니다.

덕분에 웨스팅하우스의 라디오 판매는 급증했는데요. 이에 자극받아 미국 전역에 라디오 방송사가 우후죽순처럼 생겨났습니다.

라디오의 전성시대

1920년 세계 최초의 라디오 방송사가 생긴 이후 라디오 수신기는 급속도로 보급되었는데요. 이것은 다시 라디오 방송사가 증가하는 동기로 작용합니다. 1922년까지 인가된 미국의 라디오 방송사는 모두 564개에 이르렀고, 1922년에는 장거리 유선 전화선을 이용해 뉴욕과 시카고를 연결하여 풋볼시합 중계 방송을 하기에 이르렀습니다. 가정 내의 라디오 보급도 급증했는데요. 1925년 10%에 불과했던 보급률이 1930년에 50%, 그리고 1938년에는 80%에 이르게 됩니다.

방송 영역도 클래식 음악에서 예배 방송, 권투 중계까지 넓어져 다양한 문화를 불특정 다수의 사람들에게 퍼뜨렸습니다. 이탈리아의 유명 성악가 카루소의 노래를 라디오로 누구나 들을 수 있게 됐고 뉴올리언즈 재즈는 미국 전역으로 퍼져나갔습니다. 그렇게 라디오는 거대한 대륙, 미국의 문화를 하나로 묶어냈습니다.

라디오 단말기의 판매액도 1922년 6천만 달러를 기록한 뒤, 1929년에는 8억4천만 달러로 급증했습니다. 기업들은 라디오 광고에 총력을 기울였는데요. 라디오 방송에 광고를 집중시킨 회사들은 매출이 큰 폭으로 뛰어오르는 바람에 탄성을 질렀답니다.

라디오가 바꾼 것은 문화만이 아니었어요. 라디오 덕분에 온 국민이 똑같은 시간을 누릴 수 있었답니다. 무슨 말이냐고요? 예전에도 시계가 있긴 했지만 워낙 넓은 땅에 드문드문 살다 보니 사람들은 제대로 된 시간을 알기 어려웠습니다. 그런데 라디오에서 나오는 정시 시보時報를 통해 사람들은 정확하게 시계를 맞추게 되었습니다.

초창기 미국 가정에서 라디오를 청취하던 모습

루스벨트의 노변담화

1930년대 경제 대공황은 라디오의 발전에 오히려 큰 도움을 주었습니다. 여러분, 한번 생각해보세요. 요즘도 영화 한 편을 보는 데 팝콘까지 포함하면 만 오천 원은 들잖아요. 연극이면

오만 원, 오페라는 이십만 원쯤 지출해야 합니다. 그런데 혼자 보러 가면 심심하니까 두 사람이 같이 간다면 부담도 두 배가 되겠죠? 자, 대공황이 덮치면서 사람들이 공연장에 갈 돈이 없는 거예요. 실직을 해서 집에 있는 사람도 많아졌고요. 자연히 집에서 라디오를 많이 듣게 된 것이죠. 사람들이 라디오를 많이 들으니까 기업들도 라디오에 광고를 하게 되고 그 광고는 다시 소비를 촉진시키는 효과를 가져왔습니다. 당시 라디오에서 가장 인기 있던 장르는 드라마였는데 특히 주부들이 많이 들었다고 해요. 옛날이나 지금이나 주부들의 드라마 사랑은 비슷하죠? 그러다 보니 자연스럽게 라디오 드라마에는 비누 광고가 따라 붙었는데요. 라디오 드라마를 '소프 오페라soap opera'라고 부르는 배경이랍니다.

또 라디오에서 팝음악과 Jazz 같은 대중음악이 소개되면서 음악과 레코드 산업이 번창하게 됩니다. 미국의 루이 암스트롱Louis Daniel Armstrong이나 프랑스의 에디트 피아프Édith Piaf 같은 가수들의 목소리를 공연장에 가지 않아도 들을 수 있게 된 것이죠.

경제 대불황의 시기에 이렇게 라디오가 인기를 끌자 정치가들도 라디오를 활용하기 시작합니다. 경제에서는 심리가 중요하다고 하죠? 앞으로 경제가 더 나빠지고 실업률도 높아질 것이라는 전망이 나오면 불확실한 미래를 걱정해서 사람들이 지갑을 닫게 됩니다. 이렇게 되면 경제가 더 안 돌아가는 악순환이 발생하죠. 1930년대 미국도 마찬가지였습니다. 사람들이 "불황이다. 불황이다" 하고 "앞으로 더 큰 일이다" 하니까 너도 나도 은행에서 돈을 인출하는 바람에 은행이 문을 닫아버리는 지경까지 이르렀어요. 은행이 문을 닫으니, 기업체들도 자금난을 겪고 파산하는 악순환이 벌어졌는데요. 이때 프랭클린 루스벨트 대통령이 Franklin Delano Roosevelt* 매일 저녁 30분씩 라디오 방송에 출연해 국민을 안심시키는 메시지를 보냅니다.

* **프랭클린 루스벨트**(Franklin Delano Roosevelt) : 미국 역사에는 두 명의 루스벨트 대통령이 있는데 한 사람은 26대 대통령인 테오도어 루즈벨트(Theodore Roosevelt, 재임 1901~1909)이고, 또 한 사람이 바로 프랭클린 루스벨트입니다. 프랭클린 루스벨트는 1933년부터 1945년까지 대통령에 재임하면서 대공황과 제2차 세계대전을 겪은 20세기 가장 중요한 인물 중 한 사람인데, 어릴 때 소아마비를 앓아 제대로 걸을 수 없었다고 합니다. 그럼에도 불구하고 좋은 목소리와 웅변 능력을 가지고 있었기 때문에 라디오 연설을 통해 국민들을 하나로 묶어낼 수 있었습니다. 만약 요즘이라면 어땠을까요? 대통령후보 TV토론회를 본 국민들이 과연 하반신 마비 후보에게 표를 던져줄까요? 루스벨트가 살았던 때가 라디오 시대였기 때문에 대통령이 될 수 있었던 것은 아닐까요?

국민을 안심시키기 위해서는 편안한 분위기를 만들어야 하니까 루스벨트는 마치 벽난로 앞 안락의자에 앉아 다정하게 이야기하는 것처럼 방송 연설을 연출했습니다. 그래서 루스벨트의 라디오 방송을 노변담화 爐邊談話, fireside talk 라고 불렀던 것입니다. 루스벨트의 노변담화는 국민을 안심시키고 경제 심리의 호전을 불러와 불황을 극복하는 데 큰 역할을 했지요.

화성으로부터의 침공

1938년 10월 30일 미국 CBS*라디오에서는 영국의 공상과학소설가 허버트 조지 웰스Hubert George Wells*의 소설 『우주전쟁』을 각색한 드라마 〈화성으로부터의 침공The invasion from Mars〉을 내보냈습니다. 저녁 8시 정각이 되자 아나운서는 드라마 시그널과 함께 잠시 후에 공상과학 드라마를 시작한다고 알렸습니다. 실제 상황이 아니라는 것을 미리 설명한 것이죠. 그리고 뉴스와 일기예보가 나간 후, 8시 12분경 드라마가 방송됐습니다. 거대한 운석이 미국 뉴저지에 떨어졌다는 다급한 뉴스가 흘러나왔고, 목격자들의 인터뷰와 목격담이 뒤를 이었죠. CBS는 계속해서 뉴스 형식으로 화성인들이 도시를 점령했다는 내용을 전했습니다. "백악관은 국무회의를 소집했고 전시 동원령이 내려진 가운데 화성인들과 격전이 벌어져 사상자가 잇달아 나오고 있습니다. 여러분, 화성인들이 미국 군대를 물리치고 뉴욕까지 몰려오고 있습니다." 극적인 상황을 더하기 위해 아나운서는 잠시 침묵하기도 했고, 무선기사들의 긴박한 호출 소리와 대답 없는 상황이 연출됐습니다. 방송국은 드라마의 시작과 끝, 그리고 중간에 몇 차례나 이 상황이 가상 드라마라는 사실을 알렸지만 파장은 엄청났습니다. 드라마가 나가는 동안 뉴저지에서만 수십만 명이 피난을 가기 위해

* CBS(Columbia Broadcasting system) NBC, Fox, ABC와 더불어 미국의 4대 방송국 중 하나입니다. 1927년에 개국했고 1950년에 세계 최초의 컬러TV방송을 시작했습니다. 유명한 드라마를 많이 방영하고 있는데 「CSI 수사대」가 대표적인 프로그램입니다. 한국의 CBS방송(Christian Broadcasting System)과는 전혀 관계가 없습니다.

*허버트 조지 웰스(Herbert George Wells) 과학 소설로 유명한 영국의 소설가이자 문명 비평가입니다. 과학소설 이외에도 역사, 정치, 사회 등 여러 장르에서 다양한 작품을 남겼습니다. 『타임머신』, 『투명인간』, 『우주전쟁』 등이 유명한데요, 흔히 공상과학 소설의 아버지로 불립니다.

자동차를 끌고 거리로 뛰쳐나왔습니다. 그 바람에 미국 동부 일대는 대혼란에 빠졌지요. 엄청난 혼란과 피해가 속출하자 당황한 CBS 방송국은 서둘러 "이 드라마에 삽입된 뉴스는 모두 꾸며진 것이며, 전혀 사실이 아닙니다"라고 사과하는 성명을 발표했습니다. 그제야 가까스로 사태는 진정 국면에 접어들었지만, 미처 사과 방송을 듣지 못한 많은 사람들은 다른 지방으로 피난을 가며 만나는 사람에게 "화성인들이 쳐들어왔어요!"라는 잘못된 소식을 퍼뜨리며 공포 분위기를 확산시켰습니다. 라디오 드라마 한 편의 영향력이 얼마나 지대했는가를 보여주는 사례입니다. 〈화성으로부터의 침공〉 소동이 있은 후 미국 연방 통신 위원회FCC는 두 번 다시 이런 혼란이 벌어지지 않도록 드라마에서 뉴스 보도 형식 사용을 엄격히 금지했습니다.

에콰도르의 우주전쟁

라디오 드라마 〈화성으로부터의 침공〉으로 인한 소동은 11년 후인 1949년 2월 12일 에콰도르의 수도 키토에서도 똑같이 재현되었습니다. 키토의 한 라디오 방송국은 미국의 CBS처럼 웰스의 우주 전쟁을 라디오 드라마로 각색해 제작했는데 미국에서 했던 것처럼 뉴스 속보를 넣는 형식을 도입했습니다. 실감나는 상황을 연출하려고 그런 것이지요. 그런데 좀 심하게 오버했던 모양입니다. 화성인들이 지구를 침공하여 수많은 도시와 군사 기지를 광선 무기로 파괴했으며, 이로 인해 엄청난 사상자가 속출하고 있다는 뉴스 속보가 전해졌습니다. 여기에 대통령 역을 맡은 배우가 등장해 비장한 목소리로 "정부는 국가의 방어 태세를 위해 만반의 준비를 다할 테니 국민들은 당황하지 말라"는 담화를 발표합니다. 키토 시장 역을 맡은 배우는 "남자들은 각자 무기를 들고 싸울 준비를 하고, 여자와 아이들을 안전한 곳으로 대피시키라"는 호소문까지 발표합니다. 반응은 금방 나타났습니다. 라디오를 듣고 있던 수천 명의 시민들이 거리로 뛰쳐나와 도시는 혼란에 휩싸였습니다. 자동차를 타고 피난을 가거나, 거리의 상점들을 약탈하고 심지어는 진짜로 집에 숨겨둔 무기를 들고 민병대를 조직해 화성인들과 싸우기 위해 달려가는 사람들까지 있었습니다. 이렇게 혼란이 벌어지자 방송국 관계자들은 급히 정규 방송을 중단하고 드라마 〈우주 전쟁〉은 가상으로 꾸며낸 이야기일 뿐, 실제 상황이 아니니 당황하지 말고 집으로 돌아가라는 방송을 내보냈습니다. 하지만 미국에서와는 달리 에콰도르 국민들은 쉽게 흥분을 가라앉히지 못했습니다.

모든 게 가짜였다는 사실을 알게 되자 분노한 군중은 방송국으로 몰려갔습니다. 군중의 습격에 놀란 방송사 직원들은 급히 인근 경찰서와 군부대에 연락해 자신들을 보호해줄 것을 요청했으나, 돌아온 대답은 더욱 가관이었습니다. 경찰과 군인도 라디오 드라마를 듣고 화성인과 싸우기 위해 드라마 속 격전지로 떠나버려 경찰서가 텅 비었다는 것이었죠. 군중들은 방송사에 불을 질렀고, 피신하지 못한 스무 명의 직원들이 화재로 목숨을 잃는 끔찍한 사태가 벌어졌습니다.

라디오 뉴스의 시작

미국에서 초창기 라디오는 뉴스를 전달하는 매체가 아니었습니다. 시스템을 갖춘 보도국도 없었죠. 그러다 보니 신문사의 기사를 빌려와서 읽어주는 게 라디오 뉴스의 전부였습니다. 사람들은 라디오 뉴스를 '말하는 신문' 정도로 이해했습니다. 방송국에 신문이 배달되지 않는 날은 아예 뉴스를 할 수 없었습니다. 게다가 문어체인 신문 문장은 아나운서가 읽기에 불편한 게 많았어

1935년에 등장한 테이프 레코더(tape recorder)

초창기 라디오는 녹음기술이 없었기 때문에 모든 방송이 생방송이었습니다. 그런데 테이프 레코더를 통한 녹음기술이 도입됨에 따라 시간과 공간의 제약에서 벗어나 다양한 프로그램을 제작할 수 있게 됐습니다. 사진은 제2차 세계대전 중 독일의 AEG에서 제작된 마그네토폰(Magnetophon)이라는 이름의 릴테이프 녹음기입니다.

요. 그래서 읽기 쉽게 문장을 다듬고 수정하는 와중에 방송문장 형식이 만들어집니다. 더러는 신문사에서 기사를 쥐고 갑질(?)을 하는 경우도 있었어요. 그래서 방송사는 점차 자체적인 뉴스 생산 시스템을 갖추게 됩니다. 보도국을 만들고 기자들을 훈련시켜 방송에 투입하게 됐죠. 이런 과정을 거쳐 방송사는 뉴스 기능을 갖추게 되는데, 신문사 입장에서는 라디오 방송 뉴스가 달가울 리 없었겠죠. 그래서 1930년대 미국에서는 뉴스를 놓고 신문과 방송이 주도권 싸움을 하기도 했습니다. 하지만 1938년 발발한 제2차 세계대전은 라디오 뉴스의 위력을 새삼 일깨워준 계기가 되었습니다.

영국의 라디오

미국의 라디오가 민간 중심의 상업 라디오 체제였다면 영국은 일찌감치 국영방송인 BBC를 중심으로 공영방송 시스템을 도입했습니다. 기본적으로 방송 전파는 누구의 소유도 아니고 공공의 자산이라는 생각이었죠. 그러다 보니 꽤 긴 시간 동안 영국의 라디오는 정부의 규제 아래 있었습니다. 민간의 방송 참여 역시 오랫동안 제한됐는데요. 그 결과, 규제를 피해 해적방송을 하는 경우가 생겨났습니다. 이쯤에서 영국의 라디오 전성기 무렵의 이야기를 담은 영화를 한 편 볼까요?

「락 앤 롤 보트」 2009년 리처드 커티스 감독

1966년의 영국은 비틀즈Beatles와 롤링스톤스Rolling stones를 비롯한 영국의 록밴드들이 전 세계를 휩쓸던 '브리티시 인베이전British invasion, 영국의 침공'*의 시대를 선도했어요. 하지만 정작 영국 안에서는 로큰롤 음악을 라디오에서 실컷 들을 수가 없었습니다. 수준 떨어지는 로큰롤 음악이 국민들을 천박하게 만들고 범죄를 조장한다는 이유로 정부가 로큰롤 음악 방송을 하루 45분 이내로 제한했거든요. 국민들은 어쩔 수 없이 하루 종일 클래식이나 재즈만 들어야 했습니다. 이런 규제는 새로움과 자유를 추구하는 젊은이들에게는 견디기 힘든 일이었죠. 결국 저항 운동이 시작됩니다. 유명 DJ들이 영국 정부의 규제가 미치지 않는 공해상公海上에 배를 띄우고 그곳에서 24시간 로큰롤을 틀어주는 해적방송을 시작한 것입니다. 정부는 해적방송을 퇴치하기 위해 방해공작을 펼치지만 해적방송의 인기는 나날이 높아져 국민의 절반 이상이 매일 듣는 수준에까지 이르고, 결국 정부는 민간방송에 대한 규제를 풀어주게 됩니다.

* **브리티시 인베이전(British invasion)** : 1960년대 영국 출신의 가수들이 미국, 캐나다, 오스트레일리아 등에서 크게 성공을 거두었는데 이를 브리티시 인베이전이라 부릅니다. 브리티시 인베이전은 1964년 2월 비틀즈의 'I want to hold your hand'가 빌보드차트 정상에 오르면서 시작되었어요. 대표적 아티스트로는 비틀즈를 선두로 롤링스톤스, 더 후(The Who), 더 킹크스(The Kinks), 무디 블루스(Moody Blues) 등이 있습니다. 이들은 비트를 강조한 리듬, 일렉트릭 기타, 장발 등으로 당시 미국 10대 청소년들을 사로잡았습니다.

이 이야기는 2009년 「락앤롤 보트The boat that rocked」라는 이름의 영화로 만들어졌는데요. 감독은 「러브 액츄얼리」, 「노팅힐」, 「어바웃 타임」 등을 만든 로맨틱 코미디의 거장 리처드 커티스가 맡았습니다.

영화 「락앤롤 보트」 포스터

바다 위에 보트를 띄우고 누구의 간섭도 받지 않고 자유롭게 라디오 방송을 하다니! 생각만 해도 정말 신나는 일입니다.

권력자들은 돈이나 권력을 앞세워 항상 방송을 통제하려 합니다. 하지만 방송인들은 언제나 그에 대항해서 자유를 외치며 저항했습니다. 1970년대 유신 독재 시절, 우리나라에서도 황당한 이유로 인기 가요들이 금지곡으로 지정되고, 바른 말을 하는 방송인들은 중앙정보부에 끌려가 고초를 겪어야 했습니다. 그럼에도 불구하고 PD들은 외칩니다. "Peace & Freedom!!!"

'아리랑'이 우리나라 최초의 방송 금지곡?

1970년대 박정희 대통령 시절, 정부는 황당한 이유를 내세워 젊은이들이 즐겨 부르던 노래를 금지곡으로 지정했는데요. 도대체 어떤 이유에서 그 노래들이 금지곡이 된 건지, 금지곡 목록과 금지 사유를 알아볼까요?

우리나라 최초의 방송 금지곡은 1933년 일제가 지정한 '아리랑'입니다. 조선 민중들이 모여 아리랑을 부르며 집회를 한다면 큰 소요사태가 생길 수도 있다는 생각 때문이었죠. 일제는 아리랑 이외에 '봉선화'도 금지시켰는데요. "울밑에 선 봉선화야 네 모습이 처량하다"라는 가사가 식민지 조선의 암울한 상황을 연상시켰기 때문이라고 합니다. 6·25 전쟁 이후에는 월북한 작사, 작곡가들의 노래가 다수 금지곡이 되었습니다. 월북 작가 조명암의 노래 대부분도 이때 금지곡이 되었죠. 1960년대에는 이미자의 '동백아가씨', 이금희의 '키다리 미스터 김' 같은 노래가 금지곡이 되었고요. 1970년대에는 김민기, 한대수, 양희은, 신중현 등 젊은 가수들의 노래가 대거 방송 금지되었습니다. 금지 사유도 각양각색이었는데 '코에 걸면 코걸이, 귀에 걸면 귀걸이'라고 볼 수밖에 없어요. 대한민국 말고 행복의 나라가 또 있냐며 한대수의 '행복의 나라로'를 금지시키고, 한일회담에 부정적 영향을 미친다고 정광태의 '독도는 우리 땅'을 방송하지 못하게 했으니 참 어이없는 일이 아닐 수 없죠? 그런데 이런 일은 현재 진행형입니다. 2013년에 국방부가 군부대 안의 노래방 기계에서 삭제할 노래를 선정했는데 '아리랑'과 '우리의 소원'이 들어 있었다고 하니까요. 여러분, 믿어지십니까?

시대별 금지곡 리스트

금지곡	금지이유	연대
내일은 해가 뜬다 _자니리 ('사노라면'의 원곡)	현실 부정	60년대
키다리 미스터 김 _이금희	키 작은 박대통령 심기 불편	60년대
동백아가씨 _이미자	일본풍(왜색)	60년대
아침 이슬 _양희은	태양이 묘지위에 뜬다니 불순!	70년대
거짓말이야 _김추자	불신 조장	70년대
물 좀 주소 _한대수	물고문 연상	70년대
행복의 나라로 _한대수	대한민국이 행복하지 않아?	70년대
왜 불러 _송창식	반말	70년대
미인 _신중현	가사 저속	70년대
그건 너 _이장희	책임 전가	70년대
아름다운 강산 _신중현	음반 전체 금지	70년대
이루어질 수 없는 사랑 _양희은	허무감 조장	70년대
독도는 우리땅 _정광태	한일회담 걸림돌	80년대
고독한 DJ _이재성	다운타운 DJ 사기저하	80년대
시대유감 _서태지와 아이들	허무 조장	90년대

라디오 방송에서 가장 많이 방송되는 음악목록

금지곡 리스트를 살펴봤으니 라디오에서 가장 많이 방송되는 노래는 어떤 곡들인지도 한번 알아볼까요? CBS 음악 FM이 라디오에서 가장 많이 방송되는 노래들을 추려 인터넷 투표를 했어요. 투표를 거쳐 팝송, 가요7080가요, 9010가요 등 분야별로 한국인이 사랑하는 노래 Top60을 선정했습니다.

팝송 Top 60

Dancing Queen _Abba

Hotel California _Eagles

Bohemian Rhapsody _Queen

Let it be _Beatles

Bille Jean _Michael Jackson

Hey Jude _Beatles

Yesterday _Beatles

Evergreen _Susan Jacks

Bridge over troubled water _Simon & Garfunkel

Don't forget to remember _Bee Gees

I.O.U _Carry and Ron

I have a dream _Abba

Hard to say I'm sorry _Chicago

Desperado _Eagles

Honesty _Billy Joel

All by myself _Eric Carmen

Beat it _Michael jackson

Imagine _John Lennon

Annie's song _John Denver

You raise me up _Westlife

Africa _ToTo

Hello _Lionel Richie

Last Christmas _Wham

Hero _Mariah Carey

El condor pasa _Simon and Garfunkel

My way _Frank Sinatra

Dust in the wind _Kansas

Careless Whisper _Wham

How deep is your love _Bee Gees

A lover's concerto _Sarah Vaughn

Green green grass of home _Tom Jones

Don't worry be happy _Bobby Mcferrin

My love _Westlife

Love of my life _Queen

I'm yours _Jason Mraz

If _Bread

Goodbye Yellow Brick road _Elton John

25 Minutes _Michael Learns To Rock

Angel _Sarah Mclachlan

Casablanca _Bertie Higgins

Englishman in new york _Sting

L.O.V.E. _Natalie Cole

Heal the world _Michael Jackson

Piano man _Billy Joel

Donde voy _Tish Hinojosa

Tears in heaven _Eric Clapton

Power of love _Celine Dion

I just called to say I love you _Stevie Wonder

Early in the Morning _Cliff Richard

Open Arms _Journey

Try to remember _여명

Dreams _Cranberries

Midnight Blue _ELO

Sound of silence _Simon & Garfunkle

Words _F.R David

I can't stop loving you _Ray Charles

It's my life _Bon Jovi

500 miles _The Brothers Four

Alone again _Gilbert O'sulivan

Vincent _Don McLean

Take on me _Aha

7080가요 Top60

J에게 _이선희

비처럼 음악처럼 _김현식

그리움만 쌓이네 _여진

만남 _노사연

그저 바라볼 수만 있어도 _유익종

잊혀진 계절 _이용

행복을 주는 사람 _해바라기

당신은 모르실거야 _혜은이

나 어떡해 _샌드페블즈

희나리 _구창모

어쩌다 마주친 그대 _송골매

돌아와요 부산항에 _조용필

바람아 멈추어다오 _이지연

홀로 된다는 것 _변진섭

당신만이 _이치현과 벗님들

꽃밭에서 _정훈희

이 밤을 다시 한번 _조하문

이루어질 수 없는 사랑 _양희은

새벽기차 _다섯손가락

편지 _어니언스

어느 소녀의 사랑이야기 _민해경

하얀 나비 _김정호

옛 시인의 노래 _한경애

행진 _들국화

가을사랑 _신계행

목로주점 _이연실

내 마음 갈 곳을 잃어 _최백호

어떤 이의 꿈 _봄여름가을겨울

님과 함께 _남진

동백아가씨 _이미자

밤배 _둘다섯

슬픈 계절에 만나요 _백영규

고향역 _나훈아

시인의 마을 _정태춘

멍에 _김수희

남남 _최성수

여러분 _윤복희

등불 _영사운드

바람 바람 바람 _김범룡

젊은 그대 _김수철

애심 _전영록

아니 벌써 _산울림

누구 없소 _한영애

그건 너 _이장희

친구 _김민기

너 _이종용

바보처럼 살았군요 _김도향

갯바위 _한마음

미인 _신중현과 엽전들

그것은 인생 _최혜영

진정 난 몰랐네 _임희숙

이별 _패티김

왜 불러 _송창식

그대여 _이정희

슬픔의 심로 _김학래

촛불잔치 _이재성

빗속을 둘이서 _투에이스

님 떠난 후 _장덕

별이 빛나는 밤에 _윤항기

빙글 빙글 _나미

9010가요 Top60

내 사랑 내 곁에 _김현식

가질 수 없는 너 _뱅크

네버 엔딩 스토리 _부활

거리에서 _성시경

나에게 넌 너에게 난 _자전거 탄 풍경

거위의 꿈 _카니발

옛사랑 _이문세

그 아픔까지 사랑한거야 _조정현

TO heaven _조성모

서른 즈음에 _김광석

Gee _소녀시대

마법의 성 _더 클래식

Tell me _원더걸스

너에게로 또다시 _변진섭

I love you _포지션

사랑했지만 _김광석

너를 보내고 _윤도현

I believe _이수영

너를 사랑해 _한동준

먼지가 되어 _이윤수

겨울바다 _푸른하늘

잘못된 만남 _김건모

거짓말 _빅뱅

사람이 꽃보다 아름다워 _안치환

난 알아요 _서태지와 아이들

사랑과 우정 사이 _피노키오

거짓말 _지오디

다시 사랑한다 말할까 _김동률

미소 속에 비친 그대 _신승훈

벌써 일년 _브라운 아이즈

라라라 _SG 워너비

눈의 꽃 _박효신

천일동안 _이승환

I don't care _2NE1

꿈에 _박정현

벚꽃 엔딩 _버스커버스커

보이지 않는 사랑 _신승훈

겨울비 _김종서

기억 속으로 _이은미

겨울이야기 _조관우

10 minutes _이효리

나를 슬프게 하는 사람들 _김경호

핑계 _김건모

비와 당신의 이야기 _부활

안녕이라고 말하지 마 _이승철

사랑해도 될까요 _유리상자

사랑 그 쓸쓸함에 대하여 _양희은

바람이 분다 _이소라

사랑보다 깊은 상처 _임재범/박정현

나와 같다면 _김장훈

넌 할 수 있어 _강산에

난 널 사랑해 _신효범

사랑을 위하여 _김종환

달팽이 _패닉

희망사항 _변진섭

애상 _쿨

흔들린 우정 _홍경민

칵테일 사랑 _마로니에

추억의 책장을 넘기면 _이선희

사랑 안해 _백지영

우리나라의 라디오 전성기

미국과 유럽에서는 이미 1930년대에 라디오의 전성기가 찾아왔지만 우리나라에서는 6·25 전쟁 이후에나 라디오 단말기가 본격적으로 보급됐습니다. 1954년 한국 최초의 민간방송인 기독교방송 CBS Christian Broadcasting System가 개국했고 1961년에 MBC, 1963년에 동아방송, 그리고 1964년에 TBC 라디오가 방송을 시작합니다. 초창기 라디오의 인기 프로그램은 단연 라디오 드라마였습니다. 1956년에 멜로 드라마인 〈청실홍실〉이 방송되어 전쟁에 지친 국민들의 마음을 달래주었죠. 1960년대 이후 방송사 간 경쟁이 붙으면서 라디오 드라마는 그야말로 황금시대를 구가했습니다.

라디오 드라마 〈청실홍실〉은 나중에 극장판 영화로도 제작되었고, 아직도 많은 사람들이 "청실홍실 엮어서~"로 시작하는 주제곡을 기억하고 있습니다. 각 방송사마다 라디오 드라마를 경쟁적으로 제작하자 성우들은 이 방송, 저 방송을 뛰어다니며 겹치기 출연을 하는 경우도 많았습니다. 초창기 유명했던 성우들로는 장민호, 최무룡, 구민, 윤일봉 씨 등이 있습니다. 하지만 라디오 드라마는 1980년대 이후 TV 드라마에 밀려 점점 사라졌고 성우로 방송을 시작한 연기자들이 TV 연기자로 변신하는 경우도 많아졌습니다. 우리가 잘 알고 있는 배우 전원주, 한석규 씨도 성우출신 연기자들입니다.

이민, 엄앵란주연의 영화 「청실홍실」 스틸컷(좌)과 포스터(우).
라디오 연속극을 최초로 영화한 작품입니다. 엄앵란 씨의 젊은 시절 미모를 엿볼수 있지요.

멜로 드라마뿐 아니라 어린이 드라마, 아침 시트콤 드라마 등도 생겨났는데요. 어린이 드라마로는 〈손오공〉과 〈태권동자 마루치〉 등이 있었고 시트콤으로는 〈아차부인 재치부인〉이 있었습니다. TBC 라디오에서 1964년부터 방송됐던 〈아차부인 재치부인〉은 TBC가 KBS로 통폐합된 1980년대 초반까지 매일 아침에 방송되던 인기 많은 홈드라마였습니다. 아침 등굣길에 라디오에서 울려 나오던 〈아차부인 재치부인〉의 주제가를 저는 아직도 기억하고 있습니다.

"안녕하세요 안녕하십니까
인사를 나눕시다 명랑하게

일 년은 삼백 육십오일
가지 많은 나무에 바람 잘 날 없어도
우리 집은 언제나 웃으면 산다…"

_아차부인 재치부인 주제가

70~80년대에는 라디오 음악방송이 중고등학생들에게 큰 인기를 얻었습니다. 학생들은 대부분 라디오를 들으며 공부했는데 녹음을 할 수 있는 카세트라디오는 누구나 갖고 싶었던 물건이었어요.

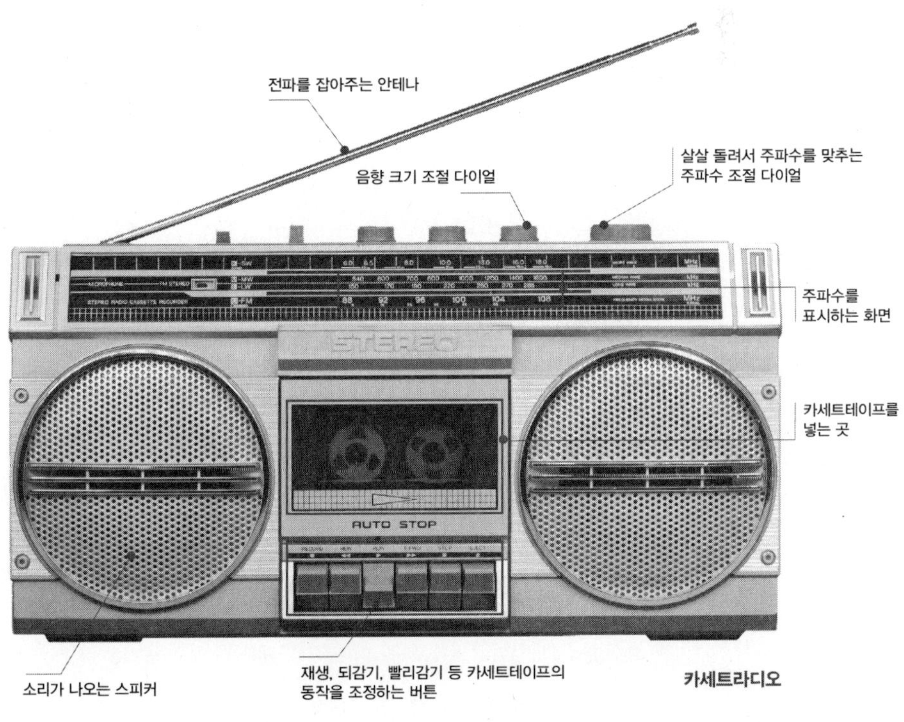

카세트라디오

오른쪽 위에 있는 다이얼을 돌려서 주파수를 맞췄고, 방송에서 좋아하는 노래가 나오면 가운데 네모난 부분에 카세트테이프를 넣어 녹음을 하곤 했습니다. 소풍갈 때 들고 가서 디스코 음악을 틀어놓고 춤을 추기도 했지요.

카세트테이프를 틀어놓고 신나게 디스코~ 디스코~

1920년 미국에서 라디오 방송이 시작된 이후 1922년에 영국과 프랑스, 1923년에는 독일이 라디오 정규방송을 시작합니다. 그리고 1925년에는 일본이 도쿄와 오사카, 나고야에 방송국을 개국합니다. 1927년 일본은 서울 정동에 주파수 690KHz, 출력 1kW킬로와트로 경성방송JODK을 세우는데 JODK라는 명칭 안에는 '일본에서 네 번째 방송'이라는 뜻이 들어 있습니다 .

경성방송은 초기에는 일본어와 조선어 두 가지 언어로 방송을 했는데 하루 6시간 30분 방송시간 중 조선어로 방송된 시간은 한 시간 정도밖에 되지 않았다고 합니다. 그래서 방송을 듣는 사람들은 주로 조선의 지식층이거나 조선에 살고 있는 일본인들이었습니다. 라디오 자체도 고가인데다 한 달에 2원씩 내야 하는 방송 청취료도 큰 부담이어서 조선의 일반 민중들에게 라디오는 그저 신기한 물건일 뿐이었거든요. 그러다 보니 청취자가 늘어나지 않았고 방송국 운영수입도 변변치 않았습니다. 그래서 일제는 1933년부터 일본어로 방송하는 제1방송국과 조선어로 방송하는 제2방송국으로 분리해서 방송을 하기 시작했고 가격이 저렴한 라디오 수신기도 제작해 판매했습니다. 이에 따라 조선인들의 라디오 청취가 크게 늘어나게 됐습니다. 또한 전국적인 방송망 체계도 갖추기 시작했는데 1935년 부산을 시작으로 평양, 청진, 이리, 함흥 등에 방송국이 설립되었습니다. 이 시기는 일본이 내선일체內鮮一體*를 강화하며 군국주의 침략을 노골화하던 시기였기 때문에 라디오는 그들의 목적을 수행하기 위한 선전 도구였던 셈이죠.

* **내선일체(內鮮一體)** : '일본과 조선은 본래 하나'라는 뜻으로 1937년부터 일제가 조선의 전쟁협력을 강요하기 위해 내세웠던 조선통치정책입니다.

1920년대 조선에 라디오가 도입되면서 새로운 근대적 생활양식이 생겨났습니다. 경성방송의 프로그램은 보도, 교양, 오락의 세 분야로 구성됐는데 이에 따라 아나운서 같은 방송관련 직업이 생겨났으며, 대중스타를 만들어내기도 했지요. 찻집이나 상점에서는 손님을 끌기 위한 마케팅의 목적으로 라디오가 활용되기도 했습니다. 또한 클래식 음악방송은 서양음악의 학습을 도왔으며 정시 라디오 시보*는 근대적 시간체제를 구축하는 데 도움을 주었습니다.

* **시보(時報)** : 매시 정각에 방송국에서 시간을 알려주는 신호입니다. 시보를 내보내기 전에 보통 해당 방송국의 명칭을 '콜 싸인(call sign)'과 함께 내보냄으로써 어느 방송을 듣고 있는지도 함께 알려주지요.
"사랑의 방송 CBS가 12시를 알려드립니다. 뚜 뚜 뚜 뚜~우"

1933년 조선어 전용 방송인 제2방송이 생기면서 음악, 오락 프로그램이 다수 생기게 되는데, 이로 인해 우리나라 대중가요도 크게 발전합니다. 때마침 레코드가 양산되기 시작하면서 방송에서도 대중가요를 많이 틀어주었는데요. 이때 이난영, 고복수, 황금심, 남인수 등의 가수들이 대거 등장했습니다. 하지만 이 당시에도 민족의식을 고취시키는 노래인 '아리랑'이나 '봉선화' 등은 방송 금지곡으로 지정돼 있었습니다.

일제강점기 경성방송국의 모습을 재현한 영화가 바로 「라디오 데이즈」입니다.

때는 1930년 일제강점기. 경성방송의 PD 로이드류승범가 있었습니다. 그의 관심사는 오로지 신여성이자 미녀 재즈가수인 마리김사랑뿐이죠. 그런데 마리는 로이드를 거들떠도 보지

영화 「라디오 데이즈」 포스터

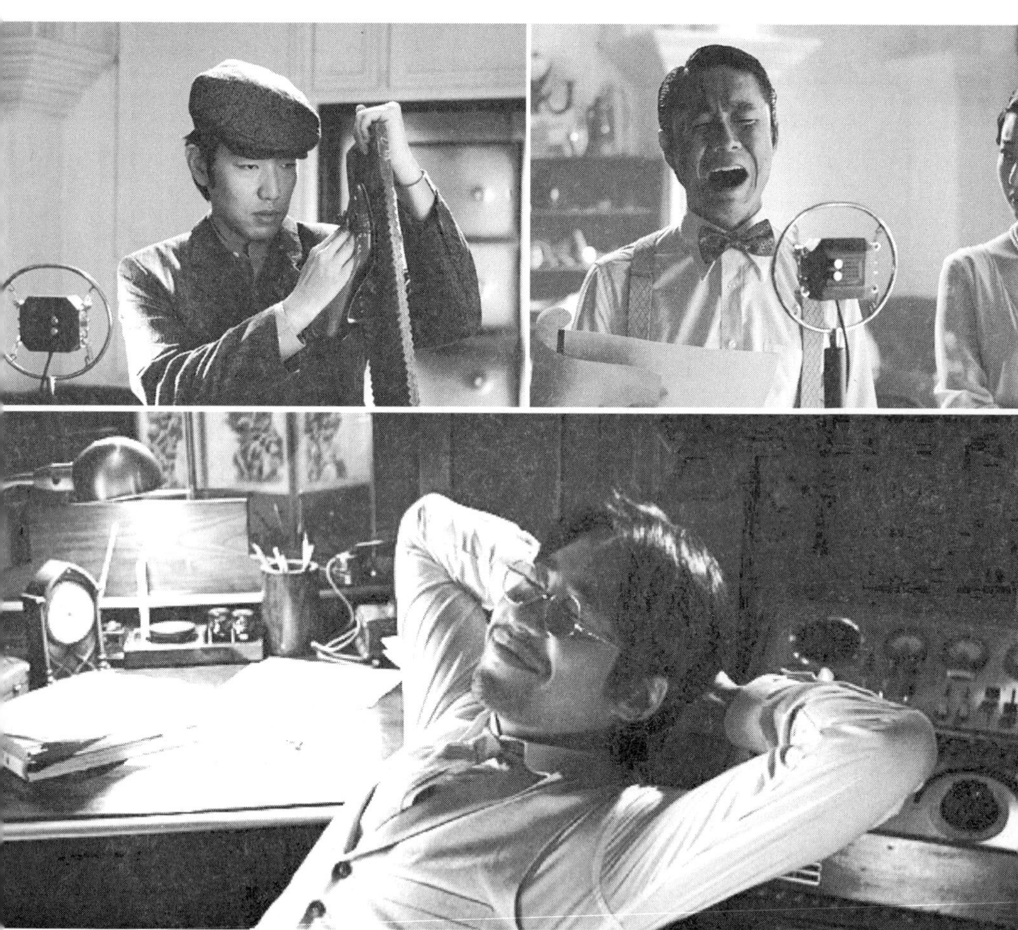

영화 「라디오 데이즈」 스틸컷

않습니다. 그러던 어느 날 로이드는 우연히 얻게 된 시나리오로 조선 최초의 라디오 드라마 〈사랑의 불꽃〉을 방송하기로 결심하고 마리에게 출연을 제안합니다. 마리를 비롯해 한 번도 드라마를 해본 적이 없는 배우와 작가, 그리고 효과맨까지, 한숨 저절로 나오는 오합지졸들이 모여 드라마를 만드는 길은 참으로 험난하기만 합니다.

이 작품은 우리나라 라디오 방송 초창기 시절, 처음이라 모든 게 어설플 수밖에 없었던 당시 모습을 영화에 코믹하게 녹여내고 있습니다. 또한 일제강점기라는 시대적 상황 속에서 일본이 어떻게 방송을 정치적으로 이용하고 통제했는지에 대한 설명도 덧붙이고 있습니다.

해방 이후의 라디오

1945년 8월 15일 정오, 경성방송 라디오에서는 일본 천황의 항복 선언이 흘러나왔습니다. 그 이후 경성방송은 미군정의 관할 아래 들어갔다가 1948년 정부수립 이후에는 국영방송 KBS로 바뀌게 됩니다. 국영방송 KBS는 정부시책을 홍보하고 이승만 정부의 반공정책을 그대로 방송에 투영하게 되는데요. 정부는 한국전쟁 이후에 라디오 수신기 보급을 위해 '앰프촌'* 설치와 라디오 무상분배사업도 실시했습니다.

* **앰프촌 :** 앰프촌은 라디오가 없는 마을에 확성기인 앰프를 설치해 공동으로 라디오를 청취하도록 한 마을을 뜻합니다. 50년대까지만 해도 라디오는 국가시책을 홍보하는 앰프의 역할이 컸었죠.

그렇게 정부주도의 단일방송체제가 이어지다 한국전쟁이 끝난 이듬해인 1954년, CBS 기독교방송이 대한민국 최초의 민간방송으로 개국합니다. 그 이후 1960년대 들어 문화방송, 동양방송, 동아방송 등 여러 개의 민간방송이 개국하면서 라디오 프로그램의 청취율 경쟁이 심화되었고 프로그램도 다양해졌습니다. 1961년 CBS에서는 우리나라 최초로 청취자가 참여하는 전화퀴즈 프로그램인 〈다이얼 Y를 돌려라〉가 방송되었는데, '후라이보이'라는 별명으로 유명한 코미디언 곽규석 씨가 생방송으로 코믹하게 진행해 큰 인기를 얻었지요.

대기업인 삼성 계열의 민간방송으로 1964년에 개국한 TBC는 오락프로그램이 강세였는데 심야음악방송 〈밤을 잊은 그대에게〉와 교통정보방송 〈가로수를 누비며〉, 홈드라마 〈아차부인 재치부인〉 등의 인기 프로그램이 있었습니다. 1963년 개국한 동아방송은 동아일보와 겸영兼營되었기 때문에 초창기부터 정치의식이 강한 보도방송에 힘을 기울였습니다. 지금까지도 여전한 라디오 강자强者인 MBC는 1961년 개국 이후 많은 인기 프로그램을 만들었는데, 그 중 지금도 많은 분여러분의 부모님 세대들이 기억하는 프로그램을 꼽자면

* **이종환(1937~2013) :** 1964년 MBC 라디오 PD로 방송에 입문해서 PD겸 DJ로 명성을 떨쳤습니다. 그가 거쳐 간 프로그램으로는 「별이 빛나는 밤에」, 「밤의 디스크 쇼」, 「지금은 라디오 시대」 등이 있으며 가수들과의 친화력도 대단해 그를 따르던 가수들을 '이종환 사단'이라고 불렀습니다. 또한 명동에서 음악다방인 '쉘부르'를 경영하며 많은 신인가수들을 발굴했습니다.

이문세 씨가 진행하던 〈별이 빛나는 밤에〉, 그리고 고[故] 이종환*씨의 〈밤의 디스크쇼〉가 아닐까 싶습니다.

한국전쟁이 끝나고 3년 후인 1956년, 우리나라에서도 처음으로 KBS에서 TV방송이 시작되었습니다. 1964년에는 동양방송[TBC]이 TV방송을 시작했고 1969년에 MBC TV가 개국했죠.

그리고 1980년에 컬러텔레비전 방송이 시작되었습니다. TV가 등장하며 라디오는 방송의 중심적 지위를 TV에 물려주었습니다. TV 드라마에 밀려 라디오 드라마는 하나둘씩 사라졌고 스포츠 중계도 TV의 몫이 되었죠. 그렇지만 1980년대에 들어서도 청소년들 사이에서 라디오 음악방송의 인기는 시들지 않았습니다. 밤늦게 공부하는 학생들의 책상 위에는 항상 라디오가 있었고 그 라디오에서 〈별이 빛나는 밤에[별밤]〉, 〈꿈과 음악 사이에[꿈음]〉 같은 심야음악프로그램들이 흘러나왔습니다.

신군부의 강제 언론통폐합

그렇게 라디오가 전성기를 보내던 때에 우리나라 언론 역사상 가장 수치스러운 사건이 발생합니다. 신군부에 의한 강제 언론통폐합 조치였죠. 1979년 12·12 쿠데타로 권력을 장악한 전두환, 노태우 등의 신군부 세력은 계엄 포고령을 내리고 모든 언론보도를 검열하기 시작했습니다. 보안사와 중앙정보부는 언론인들을 회유하고 협박하기 시작했으며 방송과 신문을 강제로 통폐합

시켰습니다. 이로 인해 민영방송인 TBC동양방송와 DBS동아방송가 사라지게 되었고, CBS는 뉴스보도 기능을 박탈당합니다. 수많은 기자, PD들이 해직되어 펜과 마이크를 놓아야 했지요. 언론통폐합은 대한민국 언론사에서 가장 수치스러운 사건으로 기록되고 있습니다. 신군부는 언론통폐합에 대해 '건전한 언론의 육성과 발전'이라는 명분을 내세웠지만 실제 목적은 정치권력을 이용해 언론 기관을 통제하려는 것이었습니다.

라디오와 정치

캐나다의 언론학자 마샬 맥루한은 라디오를 '부족의 큰 북'에 비유했습니다. 라디오가 국민들을 하나로 묶어내는 역할을 하는 동시에 정치적 선전, 선동의 도구도 될 수 있다는 뜻입니다. 라디오를 가장 효과적으로 이용한 대표적인 정치가는 미국의 루스벨트 대통령과 독일의 독재자 히틀러였습니다. 루스벨트의 예는 앞에서 다뤘으니 히틀러의 이야기를 해볼까요?

제1차 세계대전1914~1918 이후 독일에서는 왕정이 폐지되고 바이마르 공화국이라는 민주주의 공화정이 들어섭니다. 하지만 1차 대전 패전국으로서 막대한 전쟁 배상금을 지불해야 했기 때문에 독일의 경제는 살아날 기미를 보이지 않았고 국민들은 무기력한 상태에 빠졌습니다. 그런 상황에서 극우주의 정당인 나치당이 탄생했고, 그들은 1929년 경제공황을 계기로 권력을 잡습니다. 이 과정에서 반대 정치인들에 대한 암살과 투옥이 이어졌고 국민들의 지지를 이끌어내기 위한 몇 가지 정치선동이 실시됩니다. 독일의 경제를 쥐고 있는 유태인들에 대한 국민적 증오심을 증폭시키고 그들의 재산을 몰수해 국고를 채우는 것이죠. 증오심만 갖고는 안 되니까 뭔가 당근이 될 만한 것도 제시합니다. 집집마다 자동차를 한 대씩 갖게 해주겠다는 국민차 정책으로 국민들을 현혹시킨 것이죠. 이때 만들어진 자동차가 바로 '폭스바겐Volkswagen'입니다.

Volkswagen은 독일어로 '국민차'라는 뜻입니다. 예전에 어떤 대통령 후보가 당선되면 국민들에게 아파트를 반값으로 주겠다는 공약

히틀러(좌)와 찰리 채플린(우)(영화 「위대한 독재자」의 한 장면)

을 내걸었는데 히틀러는 자동차를 한 대씩 준다는 공약을 내건 것이죠. 이러한 나치의 정치선전을 위해 활용된 것이 라디오였습니다. 타고난 웅변가였던 히틀러가 라디오에 출연해서 "유태인은 우리의 적이며, 세계최고의 민족인 게르만 민족이 세계를 지배하는 것은 당연하다"고 열변을 토하며 전쟁을 부추긴 것이죠. 국민들에게 보급된 독일의 라디오는 이렇게 독재 권력의 선전, 선동을 위한 효율적인 도구가 되었습니다.

제2차 세계대전이 시작되자 나치는 라디오를 선전 수단으로 적극 활용했고, 일본도 NHK를 통해 아시아 전역과 미국 서부 해안까지 전파를 쏘아보냈습니다. 영국 BBC도 영어 이외에 7개 언어로 방송을 내보냈으며 전쟁 막바지에는 39개 언어로 방송을 내보냈습니다. 미국도 라디오를 통한 선전 활동을 강화했는데요. 전쟁에 참가하면서 1942년에 '미국의 소리Voice of America'라는 방송을 설립해 해외 선전 활동을 시작했습니다. 종전 이후 냉전*시대에도 공산진영과 자유진영은 서로를 향해 라디오 전파를 쏘아보내며 심리전을 이어나갔습니다.

* **냉전(冷戰, Cold war)** : 제2차 세계대전이 끝난 후 세계는 미국과 소련을 중심으로 자본주의 진영과 공산주의 진영으로 나뉩니다. 비록 총포를 쏘며 전쟁을 하지는 않았지만 전쟁보다 더 치열하게 경쟁했다고 해서 이 시기를 냉전시대라 부르는데요. 1990년 소련 연방이 붕괴되면서 냉전시대도 막을 내립니다.

영화「킹스스피치」스틸컷(좌)과 포스터(우)

라디오를 통한 선전, 선동의 대가 히틀러의 이야기를 하다 보니 언어장애가 있어서 마이크 앞에 서는 것이 두려웠던 영국의 왕 '조지 6세'의 이야기를 다룬 영화「킹스스피치The King's Speech」가 생각나네요. 히틀러가 연일 라디오를 통해 독일 국민들을 선동하던 시절, 영국에서는 사랑하는 여인과 결혼하기 위해 왕위를 버린 형을 대신해 소심한 말더듬이 동생이 왕위를 물려받게 되는데요.「킹스스피치」는 말을 더듬는 왕과 언어치료사와의 아름다운 우정을 잘 그려내고 있습니다. 1930년대 당시 지도자의 자격조건 중 하나는 '라디오 연설을 얼마나 잘 하느냐' 하는 것이었죠.

일제강점기 라디오를 통한 독립운동

태평양 전쟁이 일어나자 일본은 한반도에서 언론 통제를 강화했습니다. 1940년에 동아일보와 조선일보를 폐간하고 서양에서 온 선교사들을 한반도에서 강제 추방하지요. 통제된 라디오에서는 천황의 군대가 계속 전쟁에서 승리하고 있다는 뉴스만 매일 나왔습니다. 조선의 백성들은 눈이 가려지고 귀가 막힌 꼴이었지요. 하지만 실제로는 일본군이 여러 곳에서 연합군에 밀려 패퇴敗退하고 있었습니다. 그런 상황에서 KBS의 전신인 경성방송국의 한 기술직 사원이 직접

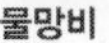

일제(日帝)의 침략전쟁이 2차 대전으로 이어지고 마침내는 우리의 이름과 말과 글마저도 말살하려는 그들의 단말마적인 탄압이 극심할 무렵 우리 방송계의 선각자들은 해외(海外)에서 보내오는 단파(短波) 방송을 수신, 청취함으로써 국내외의 애국지사들과 연결 해방과 독립을 위한 투쟁을 5년여에 걸쳐서 계속했습니다.
그 사실이 탄로됨에 따라 1942년 12월 8일부터 전국에서 삼백여 분이 연행되었으며 그중 옥사 여섯 분 수형자 쉰여섯 분이라는 뼈아픈 역사를 남겼습니다. 우리는 여기에 비를 세워서 그분들의 애국심을 기리며 그 어느 누구도 자유민의 귀를 막을 수 없는 진리를 물망(勿忘)코저 합니다.

1991년 9월 9일

물망비

만든 단파 라디오 수신기로 해외 독립 운동가들의 활약상과 일본에 불리한 전쟁 상황 등을 듣고 국내에 몰래 전하기 시작했습니다. 그러자 치안 유지에 위협을 느낀 일본 경찰은 1942년 12월 경성방송국에 들이닥쳤고 전국적인 검거에 들어가 350여 명이 체포되고 이 중 75명은 치안유지법 등의 위반 혐의로 실형을 선고 받았습니다. 그리고 6명은 고문 후유증으로 옥사하고 말았습니다. 이 사건은 일제하에서 방송인들이 벌인 중요한 독립투쟁이었는데요. 1991년 이를 기리기 위해 KBS 본관 건물 앞에는 '물망비勿忘碑'라는 기념비가 세워졌습니다.

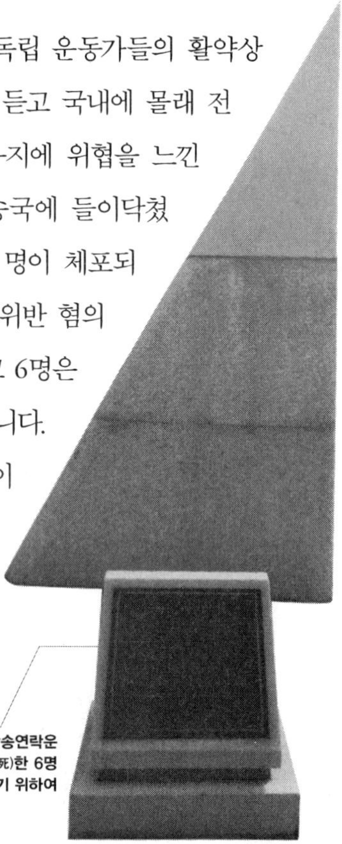

이 물망비(勿忘碑)는 일제 강점기에 항일의거사건인 "단파방송연락운동"으로 인해 1942~1943년 사이에 연행 투옥되어 옥사(獄死)한 6명 등 고초를 당한 수많은 선배 방송인들의 숭고한 정신을 기리기 위하여 1991년에 후배 방송인들이 세운 것임.

물망비

한국전쟁과 라디오

6·25 전쟁이 발발한 지 사흘째 되던 1950년 6월 27일 밤 9시, 이승만 대통령의 목소리가 라디오를 통해 전국에 울려퍼졌습니다. "동포 여러분"으로 시작한 이승만 대통령의 연설은 "우

리 국군이 북한군을 격퇴했고 계속 북으로 진격하고 있으니 국민 여러분은 안심하라"는 내용이었죠. 하지만 이것은 거짓말이었습니다. 방송이 있은 지 불과 몇 시간 뒤에 서울 전역이 북한군의 수중에 힘없이 넘어갔기 때문이죠. 그리고 더 황당한 것은 이승만 대통령은 이미 서울을 버리고 피난을 떠났으며 방송을 한 장소도 서울이 아니라 대전이었다는 사실입니다. 방송을 듣고 안심했던 국민들은 피난을 가지 않았고 아침에 눈을 떠보니 서울이 온통 북한군의 세상이 된 것을 알았습니다. 방송을 듣고도 "무슨 소리냐, 국군이 연일 후퇴하고 있는데" 이러면서 늦게나마 남쪽으로 피난 대열에 합류했던 사람들도 무사하지는 못했습니다. 방송 몇 시간 뒤인 28일 새벽 2시, 피난민들로 북새통을 이루던 한강 다리가 국군에 의해 폭파됐고 다리를 건너고 있던 800여 명의 사람들이 목숨을 잃었습니다. 믿을 만한 정보를 들을 수 없던 그 시절, 라디오는 큰 영향력을 가진 매체였습니다. 하지만 그만큼 양면성이 있었죠. 국민들에게 올바른 소식을 전하기도 하고, 거짓을 전하기도 했으니까요. 언론이 양심에 따라 행동하지 않고 권력의 하수인이 될 때 그 폐해는 상상하기 힘듭니다. 그렇기 때문에 언론의 자유는 소중한 것이죠.

세계 각국의 '언론자유의 정도'를 나타내는 척도로 '언론자유지수Press freedom index'라는 게 있습니다. '국경 없는 기자회'가 매년 각국의 언론관련 단체와 특파원, 언론인, 연구원, 법률전문가, 인권운동가 등에게 설문을 발송하여 작성하게 한 후 취합하여 발표하는데요. 대체로 선진국일수록 언론의 자유가 높고 폐쇄적인 독재국가일

수록 언론의 자유가 낮습니다. 2015년에는 조사대상 180개국 가운데 핀란드가 1위를 차지했고요. 우리나라는 60위를 기록했습니다. 안타까운 것은 대한민국의 경제규모는 선진국 수준으로 올라섰지만 언론자유지수는 매년 떨어지고 있다는 사실입니다.

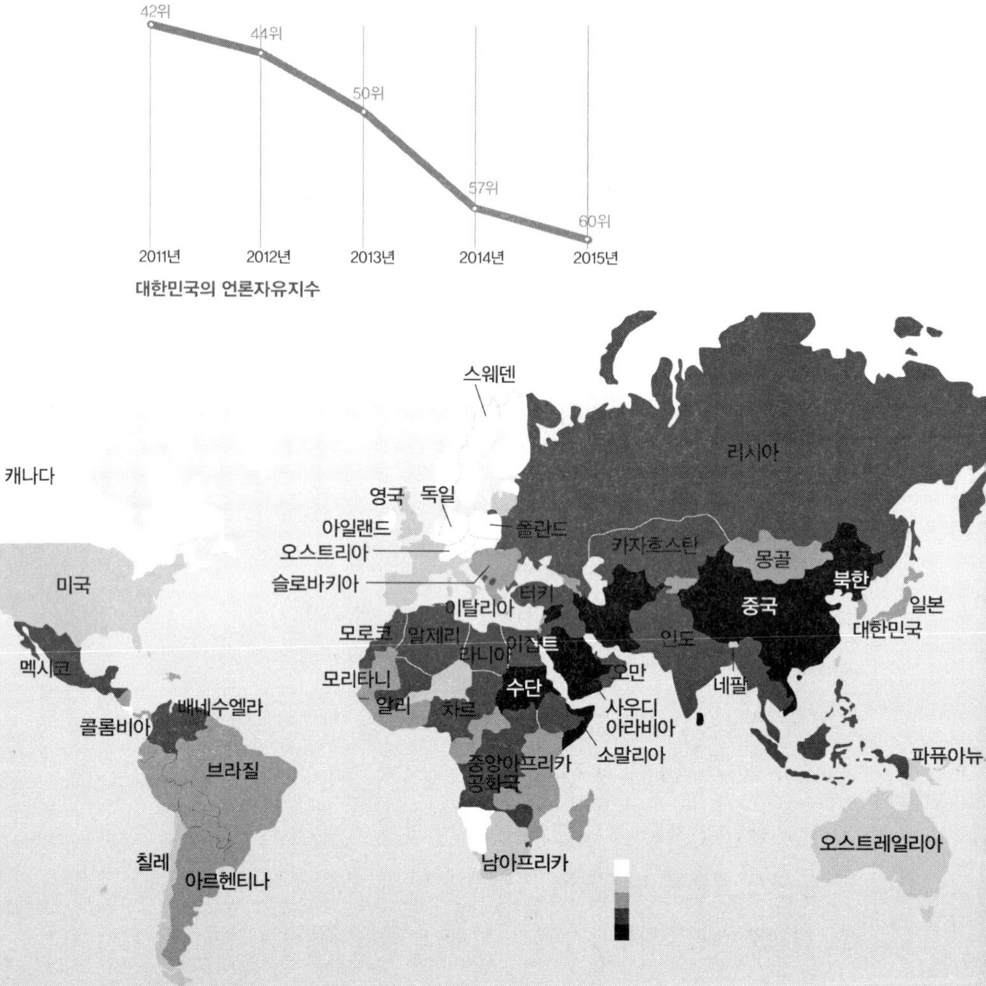

대한민국의 언론자유지수

2015년 세계 언론자유지수를 나타낸 세계지도

지도는 색깔별로 언론에 대한 각국의 현황을 나타내는데요. 흰색은 '좋은 상황(good situation)', 노란색은 '만족스러운 상황(satisfactory situation)', 주황색은 '현저한 문제(noticeable problems)',빨간색은 '어려운 상황(difficult situation)',검정색은 '매우 심각한 상황(very serous situation)'을 의미합니다. 책에서는 노란색을 연분홍, 주황색을 짙은 분홍으로 표시했는데요. 한국은 짙은 분홍색으로 칠해져 있군요.

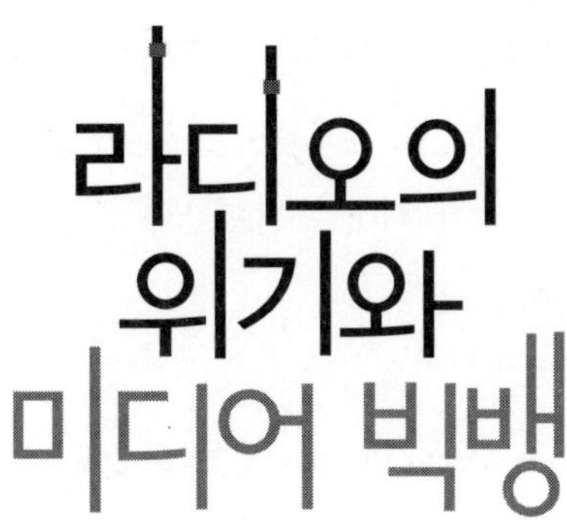

라디오의 위기와 미디어 빅뱅

1936년 영국 BBC는 세계 최초의 텔레비전 방송을 시작했습니다. 정상적인 상황이라면 이때 텔레비전이 폭발적으로 보급됐어야 했지만 곧 제2차 세계대전이 발발하죠. 그로 인해 텔레비전 보급에 차질이 생겨 제2차 세계대전이 끝난 후에나 본격적인 텔레비전 방송 시대가 열리게 됩니다.

1950년대 이후 텔레비전은 라디오가 갖고 있던 우월적 지위를 잠식해들어갔습니다. 그리고 1970년대 들어서는 TV가 확실한 우위를 갖게 되는데요. 오죽했으면 버글스Buggles라는 영국 밴드가 'Video Killed The Radio Star'라는 노래를 발표했을까요? 재미있는 제목의 이 노래는 큰 인기를 끌어 영국차트 1위까지 올랐습니다. 그리고 1981년, 뮤직비디오를 방송하는 미국의 음악 전문 케이블 TV인 MTV는 방송사 개국開局과 함께 처음으로 이 노래의 뮤직비디오를 내보냈습니다. 컬러 영상 시대를 선포함과 동시에 라디오는 꺼지라는 도발적인 표현이었죠.

Video Villed The Radio Star

_버글스(Buggles)

Video killed the radio star

(비디오가 라디오 스타를 죽였어)

Pictures came and broke your heart

(영상의 시대가 찾아오고 넌 상처 받았지)

I met your children

(난 너의 아이를 만났어)

What did you tell them?

(도대체 네 아이를 어떻게 가르친 거니?)

You were the first one

(넌 최고였었지)

You were the last one

(하지만 이제 넌 한물가버렸어)

전파에 음성을 실어서 방송을 하는 것이 라디오라면, 텔레비전 방송은 전파에 음성과 영상을 함께 싣는 건데요. 사실 TV는 라디오의 아들이라고 할 수 있습니다. '전국적인 방송 네트워크, 프로그램 편성과 광고 등' 방송 전반에서 라디오가 만들어놓은 기반을 바탕으로 TV가 시작됐기 때문이죠. 그렇다면 이제 아들이 장성했으니 늙은 아버지는 물러나야 할까요?

마샬 맥루한은 이런 말을 했어요. "새로운 매체의 출현은 구매체의 창작 욕구를 자극한다." 그렇습니다. TV의 등장으로 위기감을 느낀 라디오는 다양한 방법으로 새로워지고 있었습니다. 라디오는 'Video Killed The Radio Star'와 'MTV'로 상징되는 80년대 초반의 위기를 획기적인 음질의 개선으로 거뜬하게 넘겨버립니다. 우리나라에서 1960년대부터 부분적으로 도입된 FM 라디오*는 80년대 들어 보편화되었고 음질은 훨씬 좋아졌습니다.

* **FM vs. AM :** FM은 주파수 변조를 뜻하는 'Frequency Modulation'의 약자이고 AM은 진폭 변조를 뜻하는 'Amplitude Modulation'의 약자입니다. AM 라디오 방송의 주파수 대역은 535KHz ~ 1,605KHz이고, 토크, 뉴스 프로그램에 적합합니다. FM 라디오 방송의 주파수 대역은 88MHz ~ 108MHz이고 깨끗한 음질을 요구하는 음악방송에 적합합니다. AM 라디오는 전파를 멀리 보낼 수 있는 장점이 있습니다. 하지만 음질이 떨어지기 때문에 지금은 일반인들이 거의 듣지 않고 있습니다.

80년대 라디오의 위기는 음질 개선으로 극복됐지만 90년대 들어 한국의 라디오는 또 한 번의 위기를 맞습니다. 케이블TV, 위성TV 등 수십 개의 전문TV 채널이 생기면서 지상파 방송의 독과점 시대가 끝나고 채널 간의 무한 경쟁이 시작된 것입니다. 방송사의 주요 수입원인 광고를 놓고 치열하게 경쟁하게 된 거죠. 그렇게 방송 환경이 무한경쟁으로 치닫고 있을 때 라디오를 향한 도움의 손길이 등장합니다. 바로 자동차입니다. 경제성장과 함께 자동차 보급이 늘어나면서 자동차에서 라디오를 듣는 비율이 점점 늘어나게 됐거든요. 지금은 청취자의 60% 이상이 자동차에서 라디오를 듣고 있습니다. 물론 잠깐 DMB[Digital Multimedia Broadcasting]*라는 물건이 나타나서 자동차 안에서 라디오가 선점한 지위를 위협하는 듯했습니다. 하지만 자동차 운전 중에 DMB를 보는 것은 매우 위험한 행동입니다. 게다가 불법이죠. 이런 이유로 자동차에서 DMB는 라디오의 경쟁상대가 되지 못합니다.

* **DMB(Digital Multimedia Broadcasting) :** 음성, 영상, 텍스트 등 다양한 멀티미디어 신호를 디지털 방식으로 변조해서 휴대폰이나 차량용 수신기에서 시청할 수 있게 하는 방송 서비스로 '손 안의 TV'라고 불리며 2005년부터 방송되고 있습니다. 인공위성을 이용하는 위성 DMB와 지상파 전파를 이용하는 지상파 DMB 두 종류가 있습니다.

새로운 강자 인터넷의 등장

디지털 시대의 미디어 산업은 빠른 속도로 변하고 있습니다. 100년을 이어온 기업도 하루아침에 몰락하고, 듣지도 보지도 못한 기업이 갑자기 툭 튀어나오기도 합니다.

코닥의 몰락

디지털 시대에 적응하지 못하고 사라진 공룡기업 이야기를 할 때 코닥KODAK을 빼놓을 수 없습니다. 1883년에 카메라용 감광필름을 세계 최초로 만들어 상용화하면서 세계적인 필름 회사가 된 코닥은 사진을 대표하는 회사였습니다. 1990년대에는 1억대가 넘는 일회용 카메라를 판매하고 각종 카메라 기술에 대한 특허를 보유하기도 했습니다. 직원 수는 2000년 기준으로 전 세계 150개 국가에 무려 8만여 명이나 됐었죠. 그런데 21세기 들어 카메라시장이 빠르게 필름 카메라에서 디지털 카메라로 넘어가게 되고 이에 적극적으로 대응하지 못해서 결국 코닥은 2012년에 파산보호 신청을 하게 됩니다. 그런데 아이러니한 사실은 디지털 카메라를 세계 최초로 만든 회사가 바로 코닥이었다는 것이죠. 코닥은 향후 디지털 카메라가 필름 카메라를 대체할 것이라는 사실을 예견하고 있었지만 필름 카메라에서 나오는 안정적인 수입 때문에 디지털 카메라로의 변신을 게을리했고, 그 틈을 노린 일본의 '소니Sony'나 '캐논Canon' 같은 가전 기업들이 디지털 카메라 시장을 접수해버린 것입니다.
코닥과 함께 사진필름 시장을 양분했던 기업이 있는데 일본의 '후지Fuji필름'입니다. 콜라로 치면 코닥이 코카, 후지는 펩시 정도의 기업이었는데요. 후지는 코닥처럼 앉아서 당하고만 있지 않았어요. 한때 디지털 카메라에 밀려 고전했지만 후지는 사업영역을 평판디스플레이, 의학 장비, 화장품 등으로 다양화해서 지금까지도 건실한 기업으로 남아 있습니다.

한때 필름 시장을 주름잡았던 코닥

《뉴스위크》의 몰락

20세기 대학생이라면 누구나 한 부씩 들고 다니던 《뉴스위크NEWS-WEEK》라는 영문 주간지가 있습니다. 이걸 제목이 보이게 들고 다니며 줄줄 읽어야 진짜 대학생 같았거든요. 《뉴스위크》는 1933년에 창간되어 《타임》과 함께 미국 양대 주간지로 성장했는데요. 21세기 들어서 만성 적자에 시달리다 2010년 단돈 1달러에 매각됐습니다. 또한 1847년에 설립돼 한때 23개의 방송과 12개의 신문사를 보유했던 세계 최대의 미디어 그룹 《트리뷴Tribune》은 21세기 들어 광고 급감으로 인한 경영난으로 2008년 파산보호신청에 들어갔습니다. 이렇게 인쇄매체가 힘을 잃고 비운 자리를 차지한 것이 《허핑턴 포스트Huffington post》 같은 인터넷 신문입니다. 《허핑턴 포스트》는 2005년에 아리아나 허핑턴Arianna Huffington, 1950~현재*이 창간했는데요. 처음에는 각계의 다양한 전문가들이 기고하는 블로그로 시작했습니다. 창간 3년만인 2008년부터 계속 미국 언론사 웹사이트 중 최고 트래픽을 유지하고 있지요. 《허핑턴 포스트》가 이렇게 놀라운 성장을 이루자 2011년에 PC통신 서비스회사인 AOLAmerican online이 우리나라 돈 3,800억 원을 들여 《허핑턴 포스트》를 인수했습니다. 하지만 아리아나 허핑턴은 《허핑턴 포스트》의 회장직을 계속 유지하고 있고, 편집권도 갖고 있습니다. 《허핑턴 포스트》는 세계 각국의 주요 언론사들과 제휴해 다양한 언어로 서비스를 하고 있는데, 2014년부터 우리나라에서도 《한겨레신문》과 제휴해 한국어 서비스를 제공하고 있습니다. 소수의 직업기자들이 기사를 쓰는 것이 아니라 수만 명의 전문 필진이 기사를 작성하고 SNS를 통해서 기사를 퍼뜨리는 방식이죠. 초창기에는 이런 운영방식에 대해 기존의 신문사들이 우습게 보며 조롱하기도 했는데요. 이제

《뉴스위크》 창간호

아리아나 허핑턴

* **아리아나 허핑턴**(Ariana Huffington) : 1950년 그리스에서 출생하여 16세에 영국으로 이주했습니다. 케임브리지 대학에서 경제학 석사를 마치고 미국으로 건너가 작가 겸 언론인으로 활동하다가 2003년 캘리포니아 주지사 선거에 출마했다 떨어졌는데요. 이때 인터넷의 영향력을 실감하고 인터넷 신문을 창간하기로 결심합니다. 그리고 2005년에 《허핑턴 포스트》를 발행했죠.
이 선거에서 당선된 캘리포니아 주지사는 터미네이터로 유명한 배우 아놀드 슈왈제네거(Arnold Alois Schwarzenegger)였는데요. 아리아나 허핑턴이 낙선한 것은 오히려 전화위복의 기회가 된 것이 아닐까요? 주지사가 됐으면 《허핑턴 포스트》는 없었을 테니까요. 아리아나 허핑턴은 《포브스》와 《타임》이 선정한 세계에서 가장 영향력 있는 여성이며 현재 《허핑턴 포스트》 회장 겸 편집인입니다.

는 아무도 《허핑턴 포스트》를 우습게 보지 못하게 됐습니다.

이제 다시 우리나라의 상황을 돌아보겠습니다. 종이 신문의 퇴조와 인터넷의 약진은 세계적인 추세입니다. 우리나라도 마찬가지죠. 지상파 방송 종사자들도 요즘 상당한 위기감을 느끼고 있습니다. 당장 방송사의 광고 매출액부터 줄어들고 있거든요. 우리나라에서 1년 동안 지출되는 광고비는 대략 10조 원정도 됩니다. 이걸 놓고 신문, 방송, 인터넷 등 모든 종류의 미디어가 경쟁을 벌이고 있죠. 어느 매체가 성장하고 퇴조하는지는 광고 수입의 변동을 보면 쉽게 알 수 있습니다.

유승희 국회의원이 2014년 발표한 '최근 5년간 매체별 광고비 집행 현황' 자료에 따르면 2013년의 인터넷 광고온라인+모바일 매출은 2조 5000억 원에 달하는 것으로 나타났습니다. 이는 전체 광고시장 매출액 중 25%를 차지하는 것으로 매년 꾸준히 증가하고 있지요.

반면 그동안 시장점유율 1위를 차지하던 TV광고는 점유율이 2009년 23%에서 꾸준히 줄어 2013년에는 19.1%를 기록하며 하락세를 나타냈습니다. 인터넷 광고가 지난 5년간 98% 성장할 동안, TV광고는 0.9% 성장에 그쳤습니다. 인터넷 광고 가운데서도 특히 모바일 광고의 성장세가 두드러졌습니다. 미디어 시장의 주도권이 TV에서 인터넷과 모바일로 옮겨가고 있는 것입니다.

(단위: 억 원)

구분/연도		2009년		2010년		2011년		2012년		2013년	
		광고비	점유율	광고비	점유율	광고비	점유율	광고비	점유율	광고비	점유율
전통매체	TV	16,709	23.0%	19,307	22.7%	20,775	21.7%	19,307	20.6%	18,273	19.1%
	라디오	2,231	3.1%	2,565	3.0%	2,604	2.7%	2,358	2.5%	2,246	2.3%
	신문	15,007	20.7%	16,438	19.3%	17,092	17.9%	16,543	17.6%	15,447	16.1%
	잡지	4,338	6.0%	4,889	5.7%	5,236	5.5%	5,076	5.4%	4,650	4.9%
뉴미디어	CATV	7,794	10.7%	9,649	11.3%	11,421	12.6%	11,233	12.0%	11,287	11.8%
	종편					320	0.3%	1,985	2.1%	2,538	2.6%
	SO			590	0.7%	664	0.7%	655	0.7%	712	0.7%
	온라인	12,430	17.1%	15,470	18.2%	18,560	19.4%	19,540	20.8%	20,030	20.9%
	모바일			5		600	0.6%	2,100	2.2%	4,600	4.8%
	스카이라이프	95	0.1%	153	0.2%	122	0.1%	130	0.1%	151	0.2%
	DMB	176	0.2%	271	0.3%	267	0.2%	168	0.2%	124	0.1%
	IPTV	114	0.2%	205	0.2%	170	0.2%	235	0.3%	380	0.4%
기타		13,616	18.8%	15,555	18.3%	14,173	18.6%	14,524	15.5%	15,455	16.1%
총 광고비		72,510	100%	85,097	100%	92,004	100%	93,854	100%	95,893	100%

최근 5년간 매체별 광고비 집행 현황

지상파 방송과 케이블 방송

요즘은 대부분 TV를 케이블망을 이용해서 봅니다. 그래서 지상파 방송이라는 의미가 많이 퇴색했습니다. 지상파 방송은 원래 케이블이나 위성으로 보는 게 아니라 송신소에서 공중으로 송출한 전파를 안테나로 잡아서 보는 것입니다. 그런데 큰 건물이나 산이 가로막고 있으면 전파가 잘 잡히지 않는 난難시청 지역이 생깁니다. 그런 문제를 해결하기 위해 광통신 케이블망을 깔아서 TV를 볼 수 있게 하는 것이 케이블 TV[CATV]인데요. CATV에 프로그램을 공급하는 업자들을 PP[program provider]라고 부릅니다. 이들은 지상파 방송을 통해서는 프로그램을 전송할 수 없고 오로지 케이블 TV를 통해서만 방송을 내보낼 수 있습니다. 반면 KBS, MBC, SBS 같은 지상파 방송사들은 케이블망으로도 방송을 내보내지만 독자적으로도 지상파 전파를 이용해 방송을 할 수 있기 때문에 지상파 방송사라고 부르는 것입니다.

지상파와 케이블 방송은 법적으로도 정부의 통제를 달리 받습니다. 예를 들면 중간 광고 같은 건데요, 지상파 방송은 드라마가 방송되는 중간에 흐름을 끊고 광고가 나가는 일이 없잖아요? 그런데 케이블 방송은 중간 광고가 허용됩니다. 「히든싱어」를 보다 보면 전현무가 외칩니다. "히든싱어 김범수 편 이번 라운드의 탈락자는…" 한참 뜸을 들이다가 "60초 후에 발표됩니다"라는 멘트에 이어 광고가 나가죠. 완전 김새는 순간입니다. 저는 이럴 때 리모컨을 슬며시 집어들어요.

또 지상파 방송에서는 허용되지 않지만 케이블 방송에는 허용되는 광고들이 있습니다. 돈을 빌려준다는 '대부업 광고' 같은 것인데요. 이렇게 광고에 있어서 케이블 방송에 특혜를 주는 것은 지금까지 지상파 방송이 우월한 지위에 있었기 때문입니다. 후발주자인 케이블 방송이 성장해서 제자리를 잡을 때까지 국가에서 일시적으로 보호해주는 셈이죠. 지상파 방송이 양보한 측면이 있는 것입니다. 하지만 이제 지상파 방송도 발등에 불이 떨어졌습니다. 우리가 재미있게 봤던 드라마 「미생」이나 「응답하라 1994」, 그리고 예능프로그램 「슈퍼스타K」, 「비정상회담」, 「히든싱어」, 「삼시세끼」 이런 프로그램들이 전부 케이블 텔레비전에서 방송되었던 드라마, 예능 프로그램들입니다. 뉴스나 시사 프로그램도 마찬가지예요. 낮에 대중목욕탕에 가보면 노인들이 앉아서 'TV조선'이나 '채널A'의 프로그램을 하루 종일 보고 있습니다. 지상파 방송이 철옹성처럼 버티고 있던 저녁 뉴스 시간에도 JTBC 손석희 앵커의 뉴스가 높은 시청률을 보이고 있습니다. 이 정도면 지상파 텔레비전의 위기라 말할 수 있겠지요. 지상파 방송과 케이블 방송의 현 상황은 광고 매출로도 확인할 수 있습니다.

전체 광고시장에서 지상파 TV가 차지하는 광고점유율이 2009년에 23%였는데, 2013년에는 19.1%로 떨어졌습니다. 라디오도 마찬가지입니다. 전체 광고시장에서 라디오가 차지하는 점유율은 2009년 3.1%에서 2013년에는 2.3%로 떨어졌습니다. 그렇다면 지상파 TV와 라디오도 종이신문처럼 쇠락할 것인가? 그건 좀 더 지켜봐야 할 것 같습니다. 하지만 지금으로서는 상황이 그리 낙관적이지 않습니다.

라디오의 여러 가지 가능성

우리나라의 방송은 공공의 이익을 우선으로 하는 공영방송의 성격과 상업방송의 성격이 혼재되어 있습니다. 그러다 보니 수익성을 무시할 수 없죠. 그래서 작은 부분이지만 꼭 필요한 방송 서비스를 제공하지 못하는 경우가 있는데요. 이러한 방송 사각지대를 보완하는 다양한 시도가 생겨나고 있습니다. 또한 팟캐스트 같은 또 다른 오디오 콘텐츠 소비시장도 생겨나는 등 라디오는 다양한 가능성 앞에 직면해 있습니다.

실버라디오

KBS1 라디오에 〈행복한 시니어〉라는 프로그램이 있습니다. 이 프로그램에서는 노인성 질환에 대한 건강정보, 함께하는 추억의 노래, 젊은이들과 소통하는 스마트 학습 등 다양한 정보를 전해주고 있습니다. 노인들에게 꼭 필요한 공익적인 프로그램입니다. 하지만 청취율과 광고를 중요시할 수밖에 없는 상업방송에서는 이런 프로그램을 만들기 어렵죠. 수신료를 받는 공영방송 KBS이기 때문에 만들 수 있는 프로그램입니다. 하지만 앞으로는 민영방송에서도 노인대상 프로그램이 많이 생길 것으로 예상됩니다.

KBS1 라디오 〈행복한 시니어〉(http://www.kbs.co.kr/radio/1radio/start1r/staff)

65세 이상 인구의 비율이 7%인 사회를 '고령화 사회'라고 이야기하고 20%가 넘을 때를 '초고령화 사회'라고 합니다. 지금처럼 노인인구가 늘어나고 저출산이 계속되면 우리나라는 2030년에 '초고령화 사회'로 진입할 것이라고 합니다. 이에 따라 여러 가지 노인 문제가 생기게 될 것입니다. 독거 노인들이 늘어나게 되고 아무에게도 돌봄을 받지 못하는 가운데 삶을 마감하는 고독사孤獨死 문제도 심각해질 것입니다. 이런 고독한 노인들에게 라디오는 좋은 친구가 되어줍니다. TV나 인터넷도 노인들의 고독을 달래주는 미디어가 될 수 있지만 눈도 침침하고 체력도 떨어지는 노인들에게는 인터넷을 검색하고 TV를 보는 일조차 피로한 일이니까요.

현재 라디오의 주 청취자는 40~50대 중년층입니다. 이 세대는 어린 시절 라디오와 함께 성장했고 지금도 생활 속에서 라디오와 함께하고 있지요. 게다가 베이비붐 세대라 인구도 많습니다. 아마도 이 세대가 노인이 되는 20~30년 후에는 노인들을 위한 다양한 프로그램이 필요할 것입니다. 그렇기 때문에 라디오 PD들은 앞으로 실버라디오에 관심을 가져야 합니다.

공동체 라디오

지상파 방송은 전국적인 네트워크를 갖추고 방송 서비스를 제공하기 때문에 특정 지역이나 특정 공동체에 대한 문제에 소홀해질 수밖에 없는데요. 이 같은 어려움을 보완하기 위해 생겨난 것이 공동체 라디오입니다. 공동체 라디오는 광역시의 구 단위나 지방의 소도시 단위로 방송을 하는 '소출력 라디오'와 한국에 와 있는 다양한 국가의 이주민들을 위한 '인터넷 다문화 방송' 등이 있습니다. 먼저 소출력 라디오에 대해 살펴보겠습니다.

소출력 라디오

소출력 라디오 방송은 2002년 한일월드컵 때 경기장 장내방송을

소출력 공동체 라디오 마포FM(http://www.mapofm.net)

위해 시행했던 서비스인데 월드컵이 끝난 후 정보통신부와 방송위원회가 협의하여 지역 밀착형 소출력 라디오를 운영하기로 결정하였습니다. 이에 따라 현재 전국에 모두 7개의 소출력 라디오 방송이 생겨났습니다 서울 마포, 서울 관악, 성남 분당, 광주 북구, 충남 공주, 대구 달서, 경북 영주. 송신소로부터 최대반경 5km 건물이 많은 도시는 반경 1~2km 내에서 청취가 가능한데요. 지역 소식과 음악을 주로 방송하고 있습니다. 홈페이지를 통해 인터넷이나 팟캐스트로도 들을 수 있지요.

다문화방송

우리나라에는 2015년 현재 180만 명 정도의 외국인이 살고 있습니다. 우리나라 인구의 약 3.6%에 해당되는 수치인데요. 국적별로는 중국, 미국, 베트남, 필리핀, 인도네시아 순입니다. 이주민들은 언어 문제 때문에 우리말 방송을 듣기가 쉽지 않죠. 그래서 여러 가지 불편한 점이 있습니다. 이런 문제를 해결하기 위해 생겨난 것이 인터넷 방송인 MNTV입니다. '이주민의, 이주민을 위한, 이주민의 방

이주민방송 MNTV(http://www.mntv.net)

송'이라는 모토[motto]를 걸고 있는 MNTV는 15개 언어로 이주민 뉴스를 제작하고 있습니다. 또한 한국생활 적응을 돕는 다양한 정보와 한국어 교육, 이주노동자를 위한 노동 상담 서비스도 제공하고 있습니다.

다문화 방송은 이민 역사가 오래된 구미 선진국에서는 오래 전부터 운영되어 왔어요. 교민들이 많이 사는 LA나 뉴욕의 한인 라디오 방송도 일종의 다문화 방송이라고 할 수 있습니다. 영국이나 프랑스는 과거에 지배했던 식민지로부터 유입된 이주민들이 상당히 많습니다. 그래서인지 영국은 그들을 위한 다문화 방송이 잘돼 있는 것으로 유명하지요. 우리나라도 저출산으로 인한 노동력 부족을 채우기 위해 외국인 노동자들이 계속 들어올 것으로 예상되기 때문에 이주민을 위한 공동체 라디오는 앞으로도 계속 활성화될 것으로 보입니다.

재난방송으로서의 라디오

온에어 표시등

공중파 라디오 생방송 중일 때는 "On Air"라는 빨간 등에 불이 들어옵니다. 전파가 공기를 타고 있다는 뜻이죠. 그런데 공기와 빛에 주인이 없듯이 전파에도 주인이 없습니다. 그래서 방송사는 주파수를 영구적으로 소유하는 것이 아니라 일정 기간 국가로부터 임대해서 씁니다. 그래서 몇 년에 한 번씩 정부는 지상파 방송사가 주파수를 공익적으로 잘 사용하고 있는지 심사를 해서 재허가再許可를 하는 것이죠. 방송의 공익성 가운데 가장 중요한 것은 재난 시의 역할입니다. 지진이나 쓰나미, 전쟁이나 테러 같은 재난상황에 대처하기에 가장 적합한 매체는 라디오인데 그 이유를 몇 가지 들어보겠습니다.

첫째, 휴대가 간편합니다. 재난이 발생하면 TV처럼 큰 물건은 갖고 다닐 수가 없습니다. 자연재해가 많은 일본에서는 지진을 대비해서 가정마다 비상용 배낭재난키트을 챙겨놓는 집이 많습니다. 그 배낭 안에는 며칠간의 비상식량과 물, 정수필터, 랜턴, 비상연료, 라이터, 등이 들어 있는데요. 소형라디오와 건전지도 필수품입니다. 물론 스마트폰에도 라디오 기능이 있지만 어디서나 무선인터넷이 연결되는 게 아니라는 단점이 있고, 배터리도 오래 버티지 못합니다. 재난 상황에서 단전이 된다면 방전된 전자기기는 무용지물이 돼버리죠. 하지만 라디오는 손가락 건전지 두 개로 한 달 이상 계속 들을 수 있다는 장점이 있습니다.

둘째, 단순합니다. 단순하다는 것은 재난상황에서는 큰 장점입니다. 얼마나 단순하면 집에서 몰래 하는 해적방송이라는 것이 가능하겠습니까? 그래서 방송장비가 파괴되는 상황에서도 텔레비전보다 비교적 수월하게 재난방송을 할 수 있는 것이죠. 게다가 라디오는 TV보다 훨씬 적은 인력으로도 순발력 있는 방송이 가능합니다.

Think about it!

만약 지진이 나거나 전쟁으로 인해 전기, 수도, 가스 등이 끊어지고 혼자 집 안에 고립돼 있다면 여러분에게 꼭 필요한 것들은 무엇일까요?

라디오와 팟캐스트podcast

책의 머리에서 라디오 하면 떠오르는 이미지를 생각해본 것 기억하세요? 더 이상 라디오는 그저 라디오 박스도, 전파도 아니라고 말씀드렸습니다. 이제 라디오는 '오디오 콘텐츠'입니다. 그것이 전파를 통해 전달되든 인터넷을 통해 전달되든 사람들은 구분하지 않는다는 얘기죠. 그런 의미에서 본다면 정기적으로 콘텐츠가 업데이트 되는 팟캐스트는 그 자체로 하나의 방송사입니다. 분야도 정치, 교육, 오락, 강연 등 매우 다양하지요. 지상파 방송도 자체 프로그램을 팟캐스트에 정기적으로 올리고 있습니다. 심지어 정규 방송물과 별도로 팟캐스용 프로그램을 따로 제작하기도 합니다.

학교 선생님도 학생들과 만든 토크쇼를 팟캐스트에 올리고 학부모들과 공감합니다. 팟캐스트 방송을 통해 유명해진 선생님이 계신

안태일 교사 홈페이지(http://tellzzang.tistory.com)

데요. 경기도 무원고등학교 안태일 선생님입니다. 안 선생님은 〈안태일의 교실 안 학교이야기〉, 〈1318감성통신문〉 등 여러 편의 팟캐스트 방송을 통해 학교 안팎의 다양한 이야기들을 소개했습니다. 야간자율학습 빼먹고 도망간 학생들을 모아놓고 도망간 이유와 고민을 들어보는 야자특집을 하기도 했고요, 담배 피우다 걸린 학생들을 모아놓고 스스럼없이 이야기를 들어주기도 했죠. 문과, 이과 선택을 놓고 학생들과 교사가 토론을 벌이기도 했고요.

팟캐스트는 누구나 손쉽게 방송을 만들고 공유할 수 있다는 장점이 있습니다. 장비나 비용도 별로 들 게 없지요. 비싼 마이크와 녹음실이 없다면 그냥 조용한 곳에서 스마트폰으로 녹음하고 올릴 수도 있거든요. '방송 녹음 → 블로그나 홈페이지 업로드 → 아이튠즈 등록' 순으로 손쉽게 팟캐스트 방송을 만들 수 있습니다. 팟캐스트 포털 서비스 사이트인 팟빵http://www.podbbang.com에서도 팟캐스트를 만드는 방법에 대해 조언을 해주고 있습니다. 오디오든 비디오든 지상파든 인터넷 방송이든 계급장 떼고 진검승부를 벌일 수 있는 방송이 바로 팟캐스트입니다.

아이튠즈의 팟캐스트 오디오 순위

Podcast 등록하기

1) 아이튠즈(itunes) 로그인

아이폰을 갖고 있는 분들은 아이튠즈 아이디가 있을 거예요. 그걸로 로그인해서 submit a podcast에 들어갑니다.

2) itunes 〉 itunes stores 〉 podcasts 〉 submit a podcast

① Podcasts 〉 submit a podcast

② RSS feed 주소 입력

③ 팟캐스트 성격에 맞는 카테고리 지정

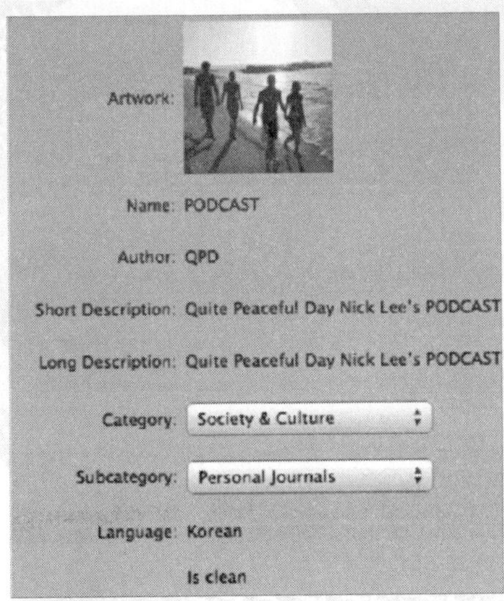

④ 등록 후 검증 절차(2-3일 소요)

일단 팟캐스트 방송을 하려면 애플사의 승인을 받아야 합니다. 그래서 등록할 방송물이 들어 있는 URL 주소를 입력하고, 이 방송물의 내용에 맞는 카테고리도 지정해줍니다. 이렇게 등록을 하고 승인 요청을 하면 애플사에서 검토하고 2-3일 후에 승인 메일을 보내줍니다.

RSS Feed 만들기

팟캐스트를 등록하는 페이지에서 프로그램 제목, 부제, 링크될 홈페이지, 요약, 날짜 등 세부 내용을 입력하고 동영상 주소의 url과 함께 동영상을 업로드합니다.

이렇게 한번 xml 파일을 만들고 애플의 승인을 받으면 시리즈물을 계속 올릴 수 있습니다. 물론 올릴 때마다 프로그램 정보도 수정해주어야 하죠.

1) xml 파일 만들기(메모장 가능, 인코딩 옵션 UTF-8)

2) xml 파일 웹서버에 업로드(xml & 미디어 파일)

3) Feed 주소 에러 유무 확인

itunes 〉 advanced 〉 subscribe to podcast → xml 파일 주소 입력

xml 파일 만들기

- Itunes Store에서 등록된 XML Feed 검증 후 Approved되면 Itunes Store에서 Podcast 프로그램 확인 가능
- Podcast는 iTunes의 서비스이므로 iOS의 Podcast App에서 검색 가능
- 안드로이드 기반 App에는 여러 종류의 Podcast 서비스를 하는 App들이 업로딩되어 있다(ex, 팟빵, 쥐약 등등). 안드로이드기반에서 팟캐스트 서비스하는 App들은 iTunes에 등록된 xml feed 주소를 기반으로 함

헤더	1	〈?xml version="1.0" encoding="UTF-8"?〉	
	2	〈rss xmlns:itunes="http://www.itunes.com/dtds/podcast-1.0.dtd" version="2.0"〉	
팟캐스트 정보	3	〈channel〉	
	4	〈title〉CBS CCM〈/title〉	팟캐스트제목
	5	〈link〉http://www.cbs.com〈/link〉	링크될 홈페이지
	6	〈language〉ko-kr〈/language〉	사용언어
	7	〈itunes:subtitle〉All About Everything is a CBS Radio Program〈/itunes:subtitle〉	부제
	8	〈itunes:summary〉All About Everything is a CBS Radio Program〈/itunes:summary〉	요약
	9	〈description〉 All About Everything is a CBS Radio Program〈/description〉	세부설명

구분	번호	코드	설명
팟캐스트 정보	10	<copyright>CBS</copyright>	저작권
	11	<itunes:author>CBS</itunes:author>	작성자
	12	<itunes:owner>	소유자
	13	<itunes:name>CBS</itunes:name>	소유자 이름
	14	<itunes:name>CBS</itunes:name>	소유자 이메일
	15	</itunes:owner>	
	16	<itunes:image href="href = "http://www.cbs.com/podcast/worship.gif"/>	팟캐스트에 들어갈 대표 이미지 링크
	17	<itunes:explicit>no</itunes:explicit>	성인물 여부(yes/no)
	18	<itunes:category text="Buiness">	대카테고리
	19	<itunes:category text="Buiness News"/>	소카테고리
	20	</itunes:category>	
동영상 정보	21	<item>	
	22	<title>01 worship</title>	동영상 제목
	23	<itunes:author>cbs</itunes:author>	작성자
	24	<pubDate>Wed, 8 Sep 2010 15:00</pubDate>	등록일자
	25	<itunes:subtitle>Worship CCM Program. God bless you!</itunes:subtitle>	부제
	26	<itunes:summary> Worship CCM Program. God bless you!</itunes:summary>	요약
	27	<itunes:duration>00:40:00</itunes:duration>	재생시간
	28	<enclosure url="http://www.cbs.com/podcast/worship.mp4" length="6367000" type="video/mpeg"/>	동영상 주소, byte 용량
	29	<guid>hhttp://www.cbsbeta.com/podcast/worship.mp4</guid>	구분자(동영상주소와 동일)
	30	<itunes:explicit>no</itunes:explicit>	성인물 여부(yes/no)
	31	</item>	
	37	</channel>	
	38	</rss>	

8 TRACK STEREO DECK
DUAL VOLTAGE
RECORD
SELECTOR
POWER
REC
RECORD LEVEL

chapter 3

라디오 프로그램 제작

chapter 3

아무것도 변하지 않을지라도 내가 변하면 모든 것이 변한다

_오노레 드 발자크

라디오 방송 견학

가끔 학생들이 라디오 방송 견학을 온다고 하면 "뭘 보여줘야 하나?" 고민이 됩니다. 라디오 방송사에는 TV방송처럼 유명 연예인이 많이 출입하는 것도 아니고, 근사한 무대 세트도 없거든요. 사무실에는 평범한 책상이 있고 그 위에 정리 안 된 음반과 책이 어질러져 있습니다. PD들은 음악을 듣고 전화 섭외를 하고, 컴퓨터 모니터를 보며 뭔가 타이핑을 합니다. 사무실 한쪽 회의실에서는 수시로 프로그램 회의가 열리고요. 사무실에서 조금 떨어진 곳에 오디오 프로그램을 편집하는 편집실과 녹음 스튜디오가 있습니다. 생방송 스튜디오 바로 옆에는 CD나 LP를 보관하는 음반자료실이 있는데 요즘은 음원 데이터베이스가 잘 돼 있어서 굳이 음반을 찾으러 가지 않아도 된답니다.

1 라디오 스튜디오 내부
2 방송용 콘솔
3 방송 전 열띤 회의 중인 스태프들
4 CBS 음반 자료실
5 녹음한 파일을 편집 중인 PD

음악 프로그램 제작

음악을 빼고는 라디오를 이야기할 수 없을 만큼 라디오에서 음악은 중요합니다. 라디오를 간단하게 정리하는 공식이 있다면 '라디오=음악+이야기'라고 말할 수 있겠죠. 음악 프로그램의 장르도 다양합니다. 가요와 팝송 같은 대중음악 프로그램이 가장 많지만 클래식, 국악, 재즈 같은 전문음악 프로그램도 있습니다. 하지만 전문음악은 좋아하는 층이 한정돼 있어서 높은 청취율과 그에 따른 광고 수입을 기대하기는 어렵지요. 그래서 클래식 전문채널인 KBS1 FM이나 문화관광부가 국악 발전을 위해 설립한 공영방송인 국악방송이 전문음악을 방송하고 있습니다.

음악 프로그램 제작은 비교적 간단합니다. 보통 DJ, PD, 작가 이렇게 셋이 함께 프로그램을 만들지요. 여기에 코너별로 나오는 외부 게스트가 있다면 인원은 조금 더 늘어납니다. 제작진이 단출하기 때문에 구성원 사이의 친밀함이 무척 중요하지요. 일반적인 음악 프로그램은 생방송으로 DJ가 청취자들의 사연을 소개해주고 신청곡을 틀어주는 형식인데요. 요즘은 재미있는 코너를 만들고 게스트가 출연하는 오락적 요소를 많이 가미하고 있습니다. 그러다 보니 음악 프로그램인지 오락 프로그램인지 성격이 불분명할 때도 있죠. 재미있는 코너를 만들어 운영한다는 일은 반짝이는 아이디어도 있어야 하고, 입담 좋은 코너지기도 섭외해야 하기 때문에 쉬운 일이 아닙니다. 그래서 음악 프로그램을 제작하면서 음악보다는 코너 운영에 헛심을 쓰는 본말전도本末顚倒 현상이 생기기도 하지요. 그렇지만 코너가 히트를 치면 한 방에 청취율이 쑥 올라가기 때문에 인기 코너의 유혹을 뿌리치기 쉽지 않습니다. 이러한 코너 위주의 음악, 오락 프로그램으로는 SBS의 〈컬투쇼〉, MBC의 〈두 시의 데이트〉 등이 있습니다. 반면 전통적인 음악 프로그램 방식을 고수하고 "less talk, more music말은 적게, 음악은 많이"이라는 모토를 걸고 승부수를 띄워 성공한 사례도 있는데요. 바로 CBS음악 FM입니다. 음악 프로그램의 오락화로 인해 사람들은 어느 순간부터 라디오를 시끄러운 매체로 인식하게 되었습니다. 그러다 보니 조용하게 생활의 배경음악으로 있어줄 라디오 음악 채널을 찾는 이들이 많아지게 된 거죠. CBS음악 FM은 유명 연예인에 의존하지 않고 많은 제작비를 투자하지 않아도 청취자들이 원하는 좋은 음악을 방송하면 사랑을 많이 받을 수 있다는 것을 증명해주고 있습니다.

라디오 프로그램은 각각 '타깃 오디언스target audience'*를 정해놓고 있습니다. 타깃 오디언스는 주로 방송 시간대와 청취 연령에 따라 정해지는데 아침 시간대의 타깃 오디언스는 주로 출근하는 직장인이고, 밤늦은 시간에는 청소년이나 밤에 깨어 있는 젊은 층일 경우가 많습니다. 프로그램별로 타깃 오디언스와 프로그램 성격이 정해지면 DJ나 출연자도 그에 맞게 섭외합니다. 청소년 대상 음악 프로그램은 젊은 층에 인기가 많은 연예인이 DJ를 맡고 최신 아이돌 가수들의 노래를 선곡하는 반면 중장년층 대상 프로그램은 추억의 DJ들이 7080세대의 음악을 많이 틀어줍니다. 타깃 오디언스 선정과 이에 따른 프로그램 제작 방침은 개별 PD 선에서 결정되는 것이 아니고 채널 책임자, 또는 CPChief Producer 선에서 결정됩니다. 그리고 프로그램의 담당 PD는 방송사의 제작 방침에 맞추어 프로그램을 제작하게 됩니다. 만약 어떤 PD에게 프로그램을 맡겼는데 프로그램의 내용이 타깃 오디언스 전략에 부합하지 못한다고 판단되면 부장 또는 CP가 PD에게 본래의 프로그램 전략에 충실할 것을 요구하게 됩니다.

* **타깃 오디언스**(target audience) : 라디오 프로그램에서 청취율을 높이기 위해 집중적으로 공략하는 대상. 타깃 오디언스가 청소년인지, 주부층인지, 운전자인지 명확해야 프로그램이 성공할 수 있습니다.

음악방송은 생방송*이 원칙입니다. 노래도 일부만 미리 선곡을 하고 당일의 날씨와 DJ의 기분, 그리고 청취자의 요청에 따라 달라집니다. 매스미디어는 소수의 공급자가 다수의 수용자에게 일방적으로 메시지를 전달한다는 특징이 있습니다. 하지만 라디오는 신문이나 TV에 비해 수용자와의 쌍방형 소통이 잘 이루어지고 있는 편입니다. 라디오 프로그램의 성공 여부는 청취자와의 소통에 달려 있다고 해도 지나친 말이 아니죠. 그래서 라디오 PD들은 청취자들과의 소통을 위해 다양한 시도를 하고 있는데요. 그중 하나가 청취자들을 라디오 제작 현장에 직접 초대하는 공개방송입니다.

*** 라디오 녹음 방송 구별하는 방법**

1. 녹음일 때는 날씨 이야기를 할 수 없습니다.
2. 생방송으로 사연을 소개해줄 수 없기에 청취자 참여를 독려하지 않습니다.
3. 뜬금없이 프르그램에서 '특집'을 하면 녹음하고 휴가를 갔을 수도 있죠.
4. 주말에는 당연히 녹음이 많습니다. 이해해주세요.

라디오 공개방송(좌)과 라디오 공개방송 포스터(우)

1 CBS 오픈스튜디오 '통통'
2 오픈스튜디오에서 방송중인 김필원 아나운서
3 오픈스튜디오 앞에서 어린이들과 사진을 찍는 김필원 아나운서
4 비오는 날 오픈스튜디오에서 바라본 바깥 풍경

스튜디오를 벗어나 오픈된 공간에서 라디오 공개방송을 하기도 합니다. 공개방송은 방송사 스튜디오에 10여 명의 방청객을 모아놓고 하는 경우도 있고, 대형 콘서트장을 빌려서 하는 경우도 있습니다. 이런 콘서트형 공개방송을 준비할 때에는 여러 가지 신경 쓸 일이 많습니다. 공연장을 대관하고 음향, 조명, 무대 등 공연에 필요한 하드웨어를 점검해야 하거든요. 소프트웨어 측면에서는 공연의 콘셉트를

잡고 가수를 비롯한 출연자들을 섭외해야 합니다. 그리고 공연내용과 공연순서를 잡아야 하고 공개방송의 전체를 한눈에 볼 수 있는 공연 큐시트*를 작성합니다. 공개방송 전에 리허설도 필수입니다. 최근에는 유리창 너머로 생방송을 하는 모습까지 지켜볼 수 있는 오픈스튜디오를 많이 활용하는데요. CBS에서는 사옥 옆 광장에 '통통'이라는 애칭의 오픈스튜디오를 설치해 가끔 음악방송을 하고 있답니다.

* **큐시트**(cue sheet) : 라디오나 텔레비전 방송을 제작할 때 진행순서를 한눈에 볼 수 있게 만든 표를 '큐시트'라고 합니다. 공개방송일 때는 마이크의 개수, 조명의 방법, 녹음방식 등 기술적인 지시사항도 명시합니다.

오미희의 행복한 동행 1부

03월 28일 (토)

DJ: 오미희 작가: 이수진 PD: 이덕우

8:00:00 1부		
	SIG	오프닝
	1	축제의 노래 (트윈폴리오)
		전 CM
	2	봄이 오는 길 (인공위성)
	3	비행기 (거북이)
	4	꿍따리 샤바라 (클론)
		사연및 신청곡 소개
	5	신청곡
	6	신청곡
		원고 1
	7	
	8	
		문학으로의 초대
	9	꿀을 먹는 젊은이 (남궁옥분)
	10	
		후 CM
	11	

8:58:08 까지

오미희의 행복한 동행 2부

3월 28일 (토)

DJ: 오미희 작가: 이수진 PD: 이덕우

9:00:00 2부		
		로고
	1	벚꽃 엔딩 (버스커 버스커)
		전 CM
	2	신청곡
	3	신청곡
		그림 속을 거닐다
	4	제비꽃 (조동진)
	5	인생은 나에게 술 한잔 사주지 않았다 (안치환)
	6	꽃밭에서 (정훈희)
		사연 및 신청곡 소개
	7	신청곡
	8	신청곡
	9	신청곡
	10	신청곡
		후 CM
	11	

9:57:28 까지

스튜디오 생방송 큐시트

스튜디오에서 진행하는 음악방송은 그때그때 청취자의 신청곡과 사연을 반영해야 하므로 미완성의 큐시트를 사용합니다.

< 안산 희망 콘서트 >

◆ 일시 - 2013. 10. 26 (토) 저녁 7시
◆ 장소 - 경기도 안산시 화랑유원지

PD-강기영, 홍혁의　사회-백원경　작가-염국화

no	시간	길이	출연	내용	오디오	Mic	코러스	뮤비	조명	영상	특효	비고
	6:40:00	0:10:00		안산시립합창단	AR							
	6:50:00	0:05:00		감사패 전달+시장님인								스탠드마이크 10개,
	6:55:00	0:05:00		MC 관객 리허설								솔로마이크 2개
0	7:00:00	0:01:00		오프닝영상								
1	7:01:00	0:02:00		CBS밴드 오프닝 연주								
2	7:03:00	0:02:00	MC	MC 오프닝		H/M 1						
3	7:05:00	0:03:42	김종서 (1)	① 아름다운 구속	밴드	H/M 1						인이어 1 마이크 스탠드 1
	7:08:42	0:01:30		자체멘트								
	7:10:12	0:05:07		② 겨울비	밴드+현	H/M 1						
	7:15:19	0:01:30		자체멘트								
	7:16:49	0:03:57		③ 단발머리	밴드	H/M 1						
	7:20:46	0:02:00	MC (멘트길게)	▶								* 크라잉넛 밴드 세팅
4	7:22:46	0:02:25	크라잉넛 (2)	① 룩셈부르크	자체밴드	H/M 5						마이크 스탠드 5
	7:25:11	0:01:30		자체멘트								
	7:26:41	0:05:16		② 5분 세탁	자체밴드	H/M 5		O				
	7:31:57	0:01:30		자체멘트								
	7:33:27	0:03:12		③ 말 달리자	자체밴드	H/M 5		O				
	7:36:39	0:02:00	MC	▶ *VIP 소개*								
5	7:38:39	0:03:00	크레용팝 (3)	① 빠빠빠	MR	H/M 5		O				
	7:41:39	0:01:30		자체멘트								
	7:43:09	0:03:00		② 댄싱퀸	MR	H/M 5		O				
	7:46:09	0:01:30		자체멘트								
	7:47:39	0:04:09		③ Saturday Night	MR	H/M 5		O				
	7:51:48	0:02:00	MC	▶								하우스밴드 세팅
6	7:53:48	0:03:34	이영현 (4)	① 뮤지컬	밴드+브라스	H/M 1						
	7:57:22	0:01:30		자체멘트								
	7:58:52	0:04:00		② Let it be	밴드	H/M 1	O					
	8:02:52	0:01:30		자체멘트								
	8:04:22	0:04:30		③ 조금씩 멀어지네	밴드+현	H/M 1		O				

< 안산 희망 콘서트 >

no	시간	길이	출연	내용	음향	Mic	코러스	뮤비	조명		특효	비고
	8:08:52	0:02:00	MC	▶								
7	8:10:52	0:03:11	주현미 (5)	① 정말 좋았네	밴드+현+트럼펫	H/M 1						인이어 1
	8:14:03	0:01:30		자체멘트								
	8:15:33	0:03:26		② 여백	밴드+현	H/M 1	O					
	8:18:59	0:01:30		자체멘트								
	8:20:29	0:03:08		③ 신사동 그 사람	밴드+현+브라스	H/M 1						
	8:23:37	0:02:00	MC									
8	8:25:37	0:03:06	울랄라세션 (6)	① 미인	MR	H/M 3						인이어 3
	8:28:43	0:01:30		자체멘트								
	8:30:13	0:03:45		② 아름다운 밤	MR	H/M 3		O				
	8:33:58	0:01:30		자체멘트								
	8:35:28	0:04:28		③ 한 사람	MR	H/M 3						
	8:39:56	0:02:00	MC	▶ 엔딩 + 가수소개								
9	8:41:56	0:03:53	소찬휘 (7)	① 고래사냥	밴드	H/M 1						인이어 1
	8:45:49	0:01:30		자체멘트								
	8:47:19	0:03:57		② Tears	밴드	H/M 1	O					
	8:51:16	0:01:30		자체멘트								
	8:52:46	0:03:09		③ 현명한 선택	밴드	H/M 1	O					
	8:55:55	0:02:00	MC	▶ 엔딩 + 가수소개								
10	8:57:55	0:04:05	더원 (8)	① 사랑아	밴드+현	H/M 1	O					프롬프트 1
	9:02:00	0:01:30		자체멘트								
	9:03:30	0:04:37		② 바람이 분다	밴드	H/M 1	O					
	9:08:07	0:01:30		자체멘트								
	9:09:37	0:04:10		③ 이 밤이 지나면	밴드+브라스	H/M 1	O					
	9:13:47	0:01:30		자체멘트								
	9:15:17	0:04:12		④ 겨울사랑 (앵콜)	밴드+현	H/M 1						
	9:19:29											

공개방송 큐시트

콘서트에 준하는 대형 공개방송은 행사에 차질이 없어야 하므로 미리 준비된 정교한 큐시트가 있어야 합니다.

최근 무한도전에서 1990년대 스타들을 모아 특집방송일명 토토가 특집을 한 적이 있죠? 이 토토가 특집은 굉장히 큰 인기를 얻었고 1990년대 음악 붐을 일으켰습니다. 사실 1990년대는 우리나라 대중음악의 전성기였습니다. 다양한 장르의 음악이 사랑을 받았고, 음반도 많이 팔려서 김건모, 신승훈, 조성모 등의 밀리언셀러 가수들이 탄생했지요. 이 당시만 해도 대중음악 산업에서 라디오가 차지하는 비중은 상당했습니다. 자존심 강한 뮤지션들 가운데는 TV 출연을 부끄럽게 생각하는 사람들도 있었습니다. 그러다 보니 '얼굴 없는 가수'라는 별명이 붙은 가수들도 있었죠. 1990년대 최고의 인기를 누리던 김광석, 신승훈, 변진섭, 한동준 등은 TV보다 라디오에서 먼저 스타가 된 경우입니다. TV 가요 순위 프로그램에서도 순위를 집계할 때 라디오 방송 횟수를 중요한 참고 자료로 삼을 정도였지요. 라디오와 레코드가 90년대 대중음악 산업의 중심이었음을 보여주는 사례입니다. 하지만 이런 공식은 2000년대로 들어오면서 깨지기 시작합니다.

대중음악의 주도권이 '듣는 음악'에서 댄스 음악 중심의 '보는 음악'으로 넘어갔기 때문이에요. 설상가상으로 '멜론'이나 '벅스' 같은 인터넷 음원 사이트가 등장하면서 음악을 듣고 소비하는 방식도 달라졌습니다. 아티스트의 음반을 사서 전곡을 감상하던 사람들이 이제는 음원 사이트에서 마음에 드는 노래만 하나씩 골라서 구입하게 되었지요. 가수들은 점차 한 앨범에 10곡씩 들어 있는 정규음반을 내지 않게 됐습니다. 디지털 싱글이 대세가 된 거죠. 이제 음악이 거래되는 곳은 라디오와 레코드점이 아니라 인터넷 음원 사이트입니다.

음원 사이트 또는 새롭게 등장하는 스마트폰 스트리밍 어플리케이션streaming appication에서도 이제 라디오처럼 음악을 들을 수 있습니다. 최신곡 Top 1000을 하루 종일 들을 수도 있고, 취향에 따라 올드팝이나 재즈를 선택해 들을 수도 있죠. 기분에 따라서 멜랑콜리한 노래 모음을 선택하거나 신나는 댄스타임을 가질 수도 있습니다. 사용자가 많이 듣는 음악을 분석해 유저user 맞춤형 스트리밍 서비스streaming service*를 제공하기도 합니다. 이런 상황에서 라디오는 어디로 가야 하는 걸까요? 라디오 방송은 요즘 참 고민이 많습니다. 하지만 컴퓨터가 빅데이터를 분석해 과학적인 선곡을 한다고 하더라도 사람들의 미묘한 느낌과 기분까지 읽어낼 수는 없습니다. 사람의 감정은 과학적 통계로만 움직이는 게 아니니까요.

* **스트리밍 서비스**(streaming service) : 스마트폰이나 인터넷에서 장르, 시대, 가수 등 여러 주제로 분류한 채널을 지정하면 비슷한 종류의 음악이 라디오처럼 계속 흘러나오는 서비스입니다. 이용자가 개별 선곡하는 것이 아니라 서비스 제공업자가 알아서 선곡하는 것이 특징이죠.

라디오 음악 프로그램 중에는 수십 년 동안 전통을 이어온 프로그램이 많습니다. KBS의 〈밤을 잊은 그대에게〉, CBS의 〈꿈과 음악 사이에〉, MBC의 〈별이 빛나는 밤에〉 등은 40년 이상 같은 제목으로 남아 있지요. 그러다 보니 엄마가 듣던 프로그램을 아들, 딸, 손

연도	프로그램	소속사	분야
2015	전현무의 굿모닝 FM	MBC	데일리, 음악
2014	정오의 희망곡 김신영입니다	MBC	데일리, 음악
2013	강석 김혜영의 싱글벙글쇼	MBC	데일리, 오락, 꽁트
2012	염경환 전영미의 힘내라 2시	TBS	데일리, 음악, 오락
2011	이무송 임수민의 희망가요	KBS	데일리, 음악, 오락
2010	유희열의 라디오 천국	KBS	심야 음악

한국피디대상 역대 음악, 오락 부문 작품상 수상 프로그램

자, 손녀까지 듣게 되고, 자연스럽게 세대 간 소통의 가교 역할을 하기도 합니다. DJ는 바뀌어도 프로그램은 사라지지 않기에 가능한 일이지요.

시사, 뉴스 프로그램 제작

최근에는 라디오 뉴스 제작에 PD들이 활발하게 참여하고 있습니다. 기획, 섭외는 PD가, 취재는 기자가 주로 맡는데요. 이런 PD들의 언론활동을 '피디 저널리즘'이라고 부릅니다. 뉴스뿐 아니라 시사고발 프로그램에서도 PD들의 활약은 돋보입니다. 황우석 박사의 줄기세포 연구조작을 파헤친 MBC TV의 「PD수첩」이나 KBS의 「추적60분」, SBS의 「그것이 알고 싶다」 등이 대표적인 피디 저널리즘 TV프로그램이라 할 수 있습니다.

본격적인 라디오 시사 프로그램의 시작은 1991년에 시작한 CBS의 〈시사자키〉로 보는데요, 이후 MBC의 〈시선집중〉, SBS의 〈SBS 전망대〉 등이 생겨났습니다. 2003년에는 KBS1 라디오가 시사 뉴스 전문채널로 특화를 선언했고요. 2008년에 YTN라디오가 개국하면서 라디오 시사 뉴스 프로그램 간의 경쟁도 심해졌습니다.

기자 저널리즘과 피디 저널리즘은 몇 가지 다른 점이 있습니다. 기자들은 청와대, 국회, 서울시, 국방부 등 주요 기관에 고정으로 출입하면서 뉴스를 취재합니다. 이런 기관에는 기자실이 따로 있어서 기자들이 상주하고 있지요. 기관의 공보관 또는 홍보담당자는 기자들의 여러 가지 편의를 봐주고 밥도 같이 먹죠. 이런 것을 출입처 제도라고 하는데요. 기자들은 매일 출입처에서 취재원取才原들과 접촉하며 밀접한 관계를 유지하게 됩니다.

취재원과 기자는 서로 도움을 주기도 하고 견제하기도 하는데요. 너무 가깝지 않게, 그렇다고 너무 멀지도 않은 불가근불가원不可近不可遠의 원칙을 지켜야 하는 사이죠. 반면 PD들은 일정한 출입처가 없습니다. 그렇기 때문에 정보에 접근하는 데 기자들보다 다소 어려움이 있지만 인정人情에 얽매이지 않고 사안을 다룰 수 있다는 장점도 있어요. 기자 저널리즘이 조직을 갖춘 정규군이라면 피디 저널리즘은 게릴라에 비유할 수 있지 않을까 합니다.

인터넷이 등장하기 전에 라디오는 가장 빠르게 속보를 전하는 매체였습니다. 사건이 발생하면 신문은 기사를 쓰고 인쇄를 해서 배포를 해야 독자들에게 도달할 수 있기 때문에 속보 경쟁에서 뒤쳐질 수밖에 없습니다. 텔레비전은 영상을 만들기 위해 카메라가 따라가야 하죠. 당연히 움직이는 사람이 많으니 번거롭고요. 하지만 라디오는 전화만 있으면 방송이 가능하기 때문에 속보 경쟁에서 유리합니다. 그래서 90년대까지만 해도 사람들은 라디오의 정시 뉴스를 기다렸습니다. 하지만 이제 사람들은 뉴스를 보기 위해 라디오를 켜기보다 스마트폰을 꺼냅니다. 몇 년 전에 동료들과 저녁을 먹는데 '쿵' 하는 소리가 들렸습니다. "이게 뭐지? 공사장에서 뭐가 떨어졌나? 지진인가?" 이러고 있는데 후배가 트위터 검색을 하더군요. 근처에서 지진이 났다는 트윗이 수십 건씩 계속 올라오고 있었습니다. 지진이 발생한 지 5분도 안 됐는데 말이죠. 새삼 SNS의 위력을 실감한 사례였습니다. 그래서 요즘은 라디오나 신문 같은 전통매체들은 속보성 특종 경쟁보다는 뉴스에 대한 심층 분석과 비판에 더 큰 비중을 두고 있습니다.

라디오 시사 프로그램은 아침, 저녁 출퇴근 시간대에 주로 편성돼 있습니다. 특히 아침 일찍 하루를 시작하는 직장인들은 출근길 자동차에서 뉴스, 시사 프로그램을 많이 듣게 되죠. 반면 저녁 퇴근 시간대에는 시사 프로그램보다는 휴식이 있는 음악 프로그램이 인기가 많습니다. KBS의 〈안녕하십니까? 홍지명입니다〉, MBC의 〈시선집중 신동호입니다〉, SBS 〈한수진의 SBS전망대〉, CBS 〈박재홍의 뉴스쇼〉 등이 아침 출근 시간대의 대표 시사 뉴스 프로그램입니다.

시사 프로그램에서 가장 중요한 것은 아이템 선정과 섭외입니다. 가장 핫한 아이템을 선점하기 위해 PD들은 하루 종일 속보 기사를 뒤지고 현장에 나가 있는 기자들과 통화합니다. 아침 6시부터 밤늦은 시간까지 근무하는 경우가 많다 보니 극한직업이라는 말이 저절로 나옵니다. 아침 7시에서 9시까지 방송되는 CBS의 〈박재홍의 뉴스쇼〉를 제작하는 PD들의 하루 일과를 한번 볼까요? 아침 5~6시 사이에 출근해서 밤에 들어온 주요 뉴스를 살펴봅니다. 보통은 그 전날에 방송 아이템이 결정되고 섭외가 끝나지만 큰 사건이 밤 사이에 발생하면 현장에 나가 있는 기자나 관련 전문가에게 전화를 걸어 사실을 확인하고 출연 요청을 합니다. 아침 7시부터 9시까지는 생방송을 진행하고, 방송이 끝난 후에는 방송 내용 가운데 중요한 것들을 추려서 인터넷 기사로 작성해 인터넷 뉴스팀에 보냅니다. 그러면 인터넷 뉴스팀은 이 기사를 각 포털사이트에 보내죠. 일단 여기까지 마치고 나면 아침을 먹고 잠시 휴식을 취합니다. 그리고 다시 사무실로 들어와서 다음날 방송할 아이템을 정하고 섭외에 들어갑니다.

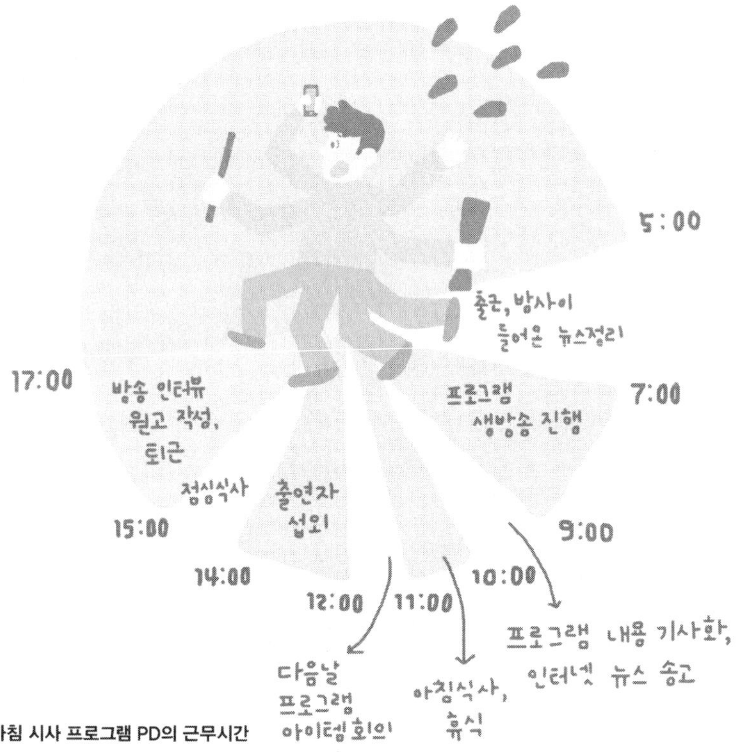

아침 시사 프로그램 PD의 근무시간

왼쪽 페이지의 근무표는 일이 술술 잘 풀렸을 때 생각할 수 있는 근무시간표입니다. 하지만 오후에 굵직한 회담이나 발표, 대형사고 등이 돌발적으로 발생하면 미리 섭외해놓은 것들을 취소하고 새로 섭외를 시작해야 합니다. 그런 상황에서 근무시간과 장소는 의미가 없어지고 말지요. 집에서도 밤늦은 시간까지 카카오톡으로 회의를 하고 섭외상황을 점검합니다.

시사 프로그램의 성패는 섭외에 달려 있다고 해도 과언이 아닙니다. 그래서 PD들은 항상 두툼한 섭외노트를 가지고 다닙니다. 노트에는 그동안 출연했던 각 분야 전문가들의 이름과 성향, 전화번호와 이메일 주소 등 다양한 정보가 담겨 있습니다. 어떤 주제에 대해서는 누가 전문가인지 검색하면 바로 나옵니다. 그런데 섭외노트에 없는 인물들이 간혹 있습니다. 갑작스럽게 SNS에서 떠오른 인물, 혹은 익명의 인물들인데요. 이런 경우는 경찰관 못지않은 수사력으로 그 사람과 연락할 수 있는 방법을 찾아야 하는데, 물론 쉽지 않은 일입니다.

772함 수병은 귀환하라

천안함 침몰 사고 발생 나흘째인 2010년 3월 29일. 해군 홈페이지 자유게시판에 익명의 시가 하나 올라왔습니다. '772함 수병은 귀환하라'라는 제목의 이 시詩는 사람들의 마음에 큰 울림을 주며 SNS를 통해 빠르게 확산되었죠. "도대체 글쓴이는 누구일까?" 궁금증은 커져갔고 PD들은 이 사람을 찾기 시작했습니다. 학연, 지연, 군대 인연, 동호회 인연 등을 총동원하고 SNS 친구들에게도 도움을 청한 결과 글쓴이를 알고 있다는 제보가 들어왔습니다. 그리고 결국 4월 6일 아침 CBS 〈김현정의 뉴스쇼〉에 그 인물이 출연합니다. 주인공은 동의대 의대 김덕규 교수였습니다. 일주일 동안 고생한 제작진은 방송 당일까지 김교수가 출연한다는 사실이 유출되지 않도록 철저하게 보안을 유지했습니다. 혹시라도 다른 프로그램에서 섭외를 가로챌 수도 있으니까 말이죠. 생각대로 김교수의 인터뷰는 반응이 뜨거웠습니다.

포털사이트에 가장 많이 본 기사로 올라갔고, 타 언론사들은 인터뷰 내용을 인용해 기사를 썼습니다.

772함 수병은 귀환하라

_동의대 의대 교수 김덕규

772함 나와라
온 국민이 애타게 기다린다.
칠흑의 어두움도
서해의 그 어떤 급류도 당신들의 귀환을 막을 수 없다
작전지역에 남아 있는 772함 수병은
즉시 귀환하라.

772함 나와라
가스터빈실 서승원 하사 대답하라
디젤엔진실 장진선 하사 응답하라.
그대 임무 이미 종료되었으니
이 밤이 다 가기 전에 귀대하라.

772함 나와라
유도조종실 안경환 중사 나오라
보수공작실 박경수 중사 대답하라
후타실 이용상 병장 응답하라.

거친 물살 헤치고 바다 위로 부상하라

온 힘을 다하며 우리 곁으로 돌아오라.

772함 나와라

기관조종실 장철희 이병 대답하라

사병식당 이창기 원사 응답하라.

우리가 내려간다

SSU 팀이 내려갈 때까지 버티고 견뎌라.

772함 수병은 응답하라

호명하는 수병은 즉시 대답하기 바란다.

남기훈 상사, 신선준 중사, 김종헌 중사,

박보람 하사, 이상민 병장, 김선명 상병,

강태민 일병, 심영빈 하사, 조정규 하사,

정태준 이병, 박정훈 상병, 임재엽 하사,

조지훈 일병, 김동진 하사, 정종율 중사,

김태석 중사, 최한권 상사, 박성균 하사,

서대호 하사, 방일민 하사, 박석원 중사,

이상민 병장, 차균석 하사, 정범구 상병,

이상준 하사, 강현구 병장, 이상희 병장,

이재민 병장, 안동엽 상병, 나현민 일병,

조진영 하사, 문영욱 하사, 손수민 하사,

김선호 일병, 민평기 중사, 강준 중사,

최정환 중사, 김경수 중사, 문규석 중사

호명된 수병은 즉시 귀환하라

전선의 초계는 이제 전우들에게 맡기고

오로지 살아서 귀환하라

이것이 그대들에게 대한민국이 부여한 마지막 명령이다.

선거방송

대통령 선거, 국회의원 총선거, 지방자치 선거 등 대형 선거 때가 되면 시사 PD들은 후보자들 못지않게 바빠집니다. 선거 D-100일 정도부터 선거방송을 준비하는데요. 선거 판세분석, 선거에 영향을 미칠 만한 이슈 점검, 후보자 자질 검증을 위한 후보 토론회, 후보 인터뷰 등을 해야 합니다.

선거방송은 공정성이 중요한 만큼 중앙선거관리위원회에서 정한 '선거방송에 관한 여러 가지 규칙'을 지켜야 합니다. 일단 후보자들을 토론회에 끌어내는 것이 중요한데 토론에 자신이 없는 후보는 굳이 나오려고 하지 않겠죠. 이럴 때는 "절대 당신에게 불리한 토론이 아니라는 점"을 강조하여 잘 설득해야 합니다. 또한 선거와 관련된 내용은 혹시라도 선거법에 저촉될 수 있으므로 방송을 준비하면서 조금이라도 의심이 들 경우는 꼭 선거관리위원회에 유권해석有權解釋*을 의뢰해야 합니다.

합동토론회
2006년 CBS와 오마이뉴스가 공동으로 주최한 서울시장 후보자 합동토론회의 모습입니다.오세훈, 강금실 후보 등이 출연해 열띤 토론을 벌였습니다.

* **유권해석(有權解釋)** : 국가의 권위 있는 기관이 법규를 해석하는 일을 말합니다.

시사 프로그램과 정치적 외압

시사 프로그램의 생명은 "성역 없는 날카로운 비판" 입니다. 여당과 야당, 보수와 진보를 떠나서 중립적 입장에서 시시비비是是非非를 가려야 하죠. 그런데 가끔 시사 프로그램에 대한 압력이 발생할 때가 있습니다. 재벌기업의 불공정 관행이라든지 총수의 비리를 방송하면 해당 기업에서 광고를 빼겠다고 할 수도 있어요. 정치권력을 비판하면 알게 모르게 윗선을 통해서 압력이 들어오기도 합니다. 이런 것들을 이겨내면서 프로그램을 해야 하기 때문에 시사 PD들은 정직한 뚝심이 있어야 합니다.

방송 내용이 공익적 목적에 부합하지 못하고 저속하거나, 풍속을 문란하게 할 때, 또는 정치적으로 편향되었다고 판단될 때 해당 방송은 방송통신심의위원회방심위의 제재를 받습니다. 이렇게 제재를 받게 되면 방송국 재허가 심사 때 점수가 깎이게 되죠. 그렇다면 방심위는 공정성을 위해 여당도 야당도 아닌 중립적인 인사들로 구성돼야 하겠죠? 그런데 현실은 그렇지 않습니다. 방심위 위원은 모두 9명인데, 이 가운데 6명은 정부 여당에서 추천하고 나머지 3명은 야당에서 추천합니다. 심의에 올라온 사안에 대해 표결을 하기 때문에 항상 여당 쪽 입장이 우세할 수밖에 없죠. 그래서 가끔 방심위가 정부에 비판적인 방송에 대해 무리한 제재를 가하기도 하는 것입니다.

CBS 〈김미화의 여러분〉 방심위 제재 사건

2012년 3월, 개그우먼 김미화씨가 진행하는 CBS의 시사프로그램 〈김미화의 여러분〉에 대해 방심위가 법정 징계인 '주의' 조치를 내렸습니다. 이유는 정부에 비판적인 경제학자들이 출연해서 정부정책을 지나치게 깎아내림으로써 방송의 공정성을 훼손했다는 것이었죠. 방심위가 문제 삼았던 출연자들의 발언은 이런 것이었습니다.

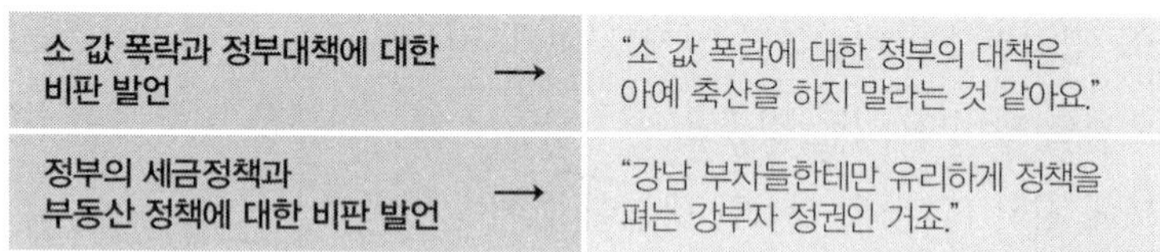

소 값 폭락과 정부대책에 대한 비판 발언	→	"소 값 폭락에 대한 정부의 대책은 아예 축산을 하지 말라는 것 같아요."
정부의 세금정책과 부동산 정책에 대한 비판 발언	→	"강남 부자들한테만 유리하게 정책을 펴는 강부자 정권인 거죠."

사실 이런 발언들은 시사 프로그램에서 늘 해왔던 이야기들인데, "왜 갑자기 방심위가 문제를 삼고 제재를 했던 것일까?" 제작진은 상당히 당황했습니다. 그래서 방심위에 다시 심의해줄 것을 요청했습니다. 하지만 방심위는 이를 받아들이지 않았습니다. 그래서 CBS는 이 징계가 부당하다며 법원에 행정소송을 제기했습니다. 그리고 대법원까지 가는 공방 끝에 최종적으로 방심위의 징계가 부당하다는 판결을 얻어냈습니다. 언론보도에 대한 권력기관의 지나친 압력에 대해 사법부가 언론사의 손을 들어준 사례였습니다.

언론보도의 파장과 영향력은 매우 큽니다. 그래서 언론인들은 사실관계를 왜곡하거나 추측성 보도를 내보내서는 안 됩니다. 그런데 가끔 본의 아니게 잘못된 사실을 전달할 때가 있습니다. 그로 인

연도	프로그램	소속사	분야
2015	한수진의 SBS 전망대	SBS	아침 시사
2014	라디오 인물열전	EBS	역사 드라마
2013	詩 콘서트	EBS	교양, 음악
2012	김현정의 뉴스쇼	CBS	아침 시사, 뉴스
2011	손석희의 시선집중	MBC	아침 시사, 뉴스
2010	격동 50년	MBC	다큐멘터리 드라마

한국피디대상 역대 시사, 교양 부문 작품상 수상 프로그램

해 어떤 사람들은 크나큰 고통을 받기도 합니다. 그런 피해자를 구제하기 위한 기관이 바로 '언론중재위원회'입니다. 언론사의 잘못된 보도로 인격적으로 또는 재산상으로 피해를 입었다고 판단되면 언론중재위원회를 통해 반론권을 얻거나 정정보도 신청을 할 수 있습니다. 그런데 언론중재위원회에서 원만하게 합의가 이루어지지 않을 때는 피해자가 소송을 하는 일도 있는데요. 이런 일이 없도록 시사 프로그램 PD들은 책임감을 갖고 사실[fact]을 확인하고 또 확인해야 합니다.

편지쇼 프로그램

가장 단순하지만 오랫동안 사랑 받아온 라디오 형식이 '편지쇼'입니다. 대표적인 프로그램으로 MBC의 〈여성시대〉와 CBS의 〈행복의 나라로〉 등이 있습니다. 청취자들이 보내준 사연을 MC들이 맛깔나게 읽어주는 것이 편지쇼의 매력인데요. 편지를 읽으면서 진행자가 맞장구도 쳐주고, 같이 울고 웃기도 하지요. 때로는 편지 사연의 주인공에게 똑바로 살라고 야단을 치기도 하고요. 편지쇼는 그야말로 우리 서민들의 일상을 그대로 보여주는 감동적인 라디오 프로그램 형식입니다.

편지쇼가 성공하려면 제일 먼저 재미있는 사연을 많이 확보하는 것이 중요합니다. 그래서 냉장고나 세탁기 또는 백화점 상품권 같은 고가의 경품을 내걸고 편지 사연 참여를 유인하기도 합니다. 그런데 이런 선물을 노리고 방송사에 편지 사연을 계속 보내는 사람들이 있습니다. 이런 프로급 사연작가(?)들의 편지는 재미는 있지만 현실적이지 못하고 작위적(作爲的)이거나 지나치게 우연적일 때도 있습니다. 한마디로 가짜 편지일 가능성이 높다는 거죠. 또한 채택될 확률을 높이기 위해 같은 사연을 여러 프로그램의 게시판에 올려 중복 방송되는 경우도 있는데, 요즘은 네티즌들이 이런 사례를 웬만하면 다 밝혀내고 제보해줍니다. 이렇게 사연이 중복돼 방송되었다는 사실이 밝혀지면 선물도 주지 않고 사연을 보낸 청취자는 블랙리스트에 오르게 됩니다. 그럼에도 불구하고 이들이 경품을 챙기는 수법은 다양한데요, 2013년 4월에는 가짜 사연을 보내 무려 8천만 원 어치의 경품을 챙긴 사람이 적발되기도 했습니다. 이렇게 받게 된 경품 가운데 6천만 원 어치는 인터넷 경매로 되팔아 현금을 챙겼다고 하네요.

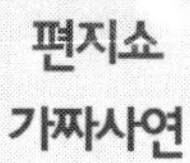

8000만 원대 선물 받은 '경품왕' 주민번호 도용, 가짜 사연 보내

"요즘 남편이 회사 사정으로 월급을 못 받아 많이 힘든데 군대서 휴가 나온 아들이 이런 저희를 돕는다고 몰래 배달 일을 했어요… 엄마가 미안합니다."

지난해 11월 한 방송국 라디오 프로그램에 올라온 사연. 하지만 글쓴이는 군대를 간 아들도 남편도 없는 미혼 남성 이모씨(42)다. 지난 26일 경찰이 서울 성북구 이씨의 집을 찾았다. 집에는 포장을 뜯지 않은 세탁기, 압력밥솥 등의 가전제품과 상품권, 귀금속 등이 가득했다. 이 물건들은 모두 이씨가 라디오 프로그램에 사연을 보내고 받은 경품이다. 사연은 모두 거짓이다. 경찰은 이씨 집에서 2000만 원 상당, 무게로 2t가량 되는 경품을 압수했다.

특별한 직업이 없는 이씨는 아파트 입구에 쌓인 서류뭉치나 재활용품 보관소에서 주민번호 등 인적사항을 수집했다. 그가 이렇게 모은 주민번호는 180여 개에 달했다. 그는 이 주민번호들을 도용, 2006년 4월부터 최근까지 여러 방송국에 인터넷 회원으로 가입하고 사연을 보냈다. 경찰은 이씨가 보낸 사연이 2000~3000건 정도이고, 이를 통해 지금까지 8000만 원 상당의 경품을 타낸 것으로 보고 있다. 이씨는 이 중 6000만 원어치는 인터넷으로 되파는 등의 방식으로 현금화했다.

이씨는 사연이 채택돼 선물을 받게 될 자신의 집주소를 거짓으로 썼다. 같은 주소에서 여러 번 경품이 당첨되면 의심받을 것을 피하기 위해서다. 그는 경품을 배달할 택배원이 주소 확인 전화를 하면 그때서야 집주소를 제대로 알려줬다. 거짓 사연을 올릴 때도 주민센터 등 관공서 민원용 컴퓨터를 이용했다. 범행이 발각될 경우 인터넷주소IP 추적을 피하기 위해서다. 이씨는 지난달 16일 성북구의 한 주민센터에서 여러 개의 주민번호가 적힌 쪽지를 들고 거짓 사연을 올리다 주민의 신고로 경찰에 잡혔다. 서울 종암경찰서는 이씨를 주민등록법 위반 등의 혐의로 불구속 입건했다고 30일 밝혔다.

_경향신문 2013. 4. 30

다큐멘터리라는 말은 프랑스의 영화제작자 뤼미에르 형제Auguste and Louis Lumière*가 짧은 기록영화를 만들어 이를 여행사진이라는 뜻의 프랑스어 "Documentaires"라고 부른 데서 유래한 말입니다. 다큐멘터리는 허구나 연출이 없는 사실에 근거해야 하는데요. 역사, 문화, 과학 등 모든 분야의 소재를 다룰 수 있죠. 라디오 다큐멘터리는 영상 없이 소리로만 표현해야 하기에 원고와 현장 소리, 음향효과, 내레이션, 인터뷰, 음악 등의 요소를 효과적으로 사용하는 것이 중요합니다.

라디오 다큐멘터리는 매일 한두 시간 방송되는 정규 프로그램에서는 다루기 어려운 깊이 있는 주제를 다룹니다. 그렇기 때문에 취재기간도 길고 제작비도 많이 들어가죠. 다큐멘터리를 제작하려면

* **뤼미에르 형제**(Auguste and Louis Lumière) : 세계 최초로 영화를 제작한 프랑스의 발명가 형제입니다. 1895년에 시네마토그래프를 발명하여 처음으로 영화를 찍었습니다. 이때 찍은 영화의 제목은 「열차의 도착」인데요, 아무 말도 없이 열차가 도착하는 3분 동안의 영상을 찍은 것입니다. 당시 세계 최초로 영화를 본 사람들은 스크린에서 열차가 실제 튀어나오는 줄 알고 놀라서 달아났다고 하네요.

먼저 어떤 주제를 다룰 것인지를 정해야 합니다. 주제를 정한 후 제작 신청을 해도 '너무 진부한 내용'이거나, '현실성 떨어지는 황당한 내용'이면 채택될 수 없습니다. 제작비를 따낼 수 없다는 거죠. 기획이 좋은 작품은 전파진흥원이나 방송문화진흥회 같은 기관에서 제작비를 지원합니다. 그렇게 제작비를 확보하고 나면 그 다음 단계로 취재 대상을 섭외하고 취재 일정을 잡습니다. 취재를 하고 난 후에는 취재한 내용을 편집하고 원고를 쓰고 녹음을 하고요. 다큐멘터리 한 편을 만드는 일은 책을 한 권 쓰는 일과 비슷합니다.

연도	프로그램	소속사	분야
2015	라디오 날개를 달다	CBS	시사 다큐멘터리
2014	음악으로 그린 서울 지도	CBS	음악 다큐멘터리
2013	K-pop 런던에서 길을 묻다	KBS	음악 다큐멘터리
2012	수정이가 처음 만난 세상	CBS	육아 다큐멘터리
2011	세상의 모든 이야기	CBS	교양 다큐멘터리
2010	편지	KBS	휴먼 다큐멘터리

한국피디대상 역대 특집부문 작품상 수상 프로그램

TV 드라마가 나오기 전까지만 해도 라디오 드라마는 라디오에서 가장 인기 있는 장르였습니다. 하지만 지금은 전체 라디오를 통틀어 한두 개 정도의 라디오 드라마 프로그램이 명맥을 이어오고 있을 뿐입니다. 그러다 보니 라디오 드라마를 제작할 수 있는 PD들도 이제는 별로 없습니다. 대가 끊어지게 생긴 거죠. 하지만 라디오 드라마를 이렇게 그냥 보내기는 아쉬운 게 너무 많습니다. 라디오 드라마처럼 사람의 상상력을 자극하는 것은 없거든요.

라디오 드라마는 귀로 듣는 것이지만 사실은 뇌로 본다고 하는 게 맞습니다. 청취자 각자가 머릿속에 DIY(do it yourself)로 영화를 만들어내니까 말이죠. 그래서 라디오 드라마라는 말 대신 '오디오 시네

마audio cinema'라는 표현을 써야 한다는 주장도 있습니다. 실제로 '배리어 프리barrier free 영화'라는 것이 있습니다. 기존의 영화에 시각장애인을 위한 내레이션 설명을 덧입혀서 시각장애인들이 영화를 즐길 수 있게 한 것인데요. 놀라운 사실은 대사와 음향효과, 그리고 설명만으로도 시각장애인들은 충분히 영화를 이해한다는 것입니다. 어떤 영화는 오히려 눈을 감고 청각을 통한 상상만으로 더 흥미로울 수도 있습니다. 라디오 드라마는 비록 지금은 쇠퇴했지만 언젠가 새로운 기법과 형식으로 부활할지도 모릅니다.

드라마 녹음장면 _영화 「라디오 데이즈」 스틸 사진

라디오와 실험정신

음악, 시사, 편지쇼, 다큐멘터리, 드라마 말고도 라디오에는 꽁트, 상담 등 다양한 형식의 프로그램이 있습니다. 그리고 PD들은 기존의 것과 다른 새로운 형식의 프로그램을 개발하기 위해 노력하고 있는데요. 영상 없이 오로지 소리로만 표현해서 입체적인 작품을 만드는 일은 풍부한 상상력이 요구되는 작업입니다. 그렇기 때문에 이런 노력을 장려하기 위해 한국피디연합회에서는 '실험정신상'을 만들어 매년 시상하고 있습니다. 가장 창의적인 프로그램을 뽑는 것이기 때문에 PD로서는 아주 영광스러운 상입니다.

역대 실험정신상 수상작들을 보면 "소리를 어떻게 입체적으로 표현해서 다양한 이야기를 담을 수 있을까?" 하는 라디오 PD들의 고

연도	프로그램	소속사	분야
2015	두시의 데이트 특집 '걸어서 걸어서'	MBC	LTE를 활용한 실험 방송
2014	소리를 보여드립니다	CBS	다큐멘터리
2013	대한민국 소리여행 장인, 생각하는 손	CBS	다큐멘터리
2012	실험다큐 '소리로 보는 세상'	KBS	다큐멘터리
2011	배한성, 배칠수의 고전열전	MBC	라디오 드라마
2010	김소은의 처음 만난 클래식	KBS	음악 다큐멘터리

역대 한국피디대상 실험정신상 수상작

민을 엿볼 수 있답니다. 매년 어떤 프로그램이 실험정신상을 받았는지 확인해보세요. 제목만 보아도 크리에이티브creative가 넘쳐흐르지 않나요?

라디오 제작 장비를 알아보기 전에 여기서 잠깐 전파의 원리에 대해 알아볼까요? 고요한 연못에 돌을 던지면 돌이 떨어진 곳에서부터 동심원同心圓이 퍼져나가죠? 작은 돌을 던지면 작은 파장의 원이 퍼져나가고, 큰 돌을 던지면 큰 파장의 원이 일정한 크기로 퍼져 나가는데 전파도 마찬가지입니다. 전파의 파장은 1cm부터 1km 이상까지 다양한데요. 이 파장을 미터 단위로 고친 다음 빛의 속도299,792,458m/s로 나눠주면 그 파장에 해당하는 진동수, 즉 주파수frequency*가 나옵니다. 이것이 우리가 알고 있는 주파수예요. 그런데 마구잡이로 주파수를 사용해 통신을 하면 혼신混信이 생기기 때문에 정부가 주파수를 관리하고 방송사는 저마다 각각 다른 주파수

* **주파수**(周波數, frequency) : 같은 모양으로 퍼져가는 진동이 1초 동안에 몇 번 되풀이되는가를 나타내는 수로서 단위는 전파 발견자의 이름인 헤르츠(Hz)를 씁니다. 헤르츠는 1000배 단위의 킬로헤르츠(KHz)와 백만 배 단위의 메가헤르츠(MHz)를 쓰는데, 보통 AM 라디오 주파수는 KHz, FM 라디오 주파수는 MHz를 사용합니다.

를 정부로부터 허가받아 사용합니다.

그럼 지금부터 전파를 이용해 소리를 잡아내고, 섞고, 저장하고, 내보내는 제작 기술 장비들을 하나씩 살펴보겠습니다.

마이크microphone

마이크는 음파, 즉 물리적 에너지를 전기적 에너지로 변환시켜주는 장치입니다. 음성 녹음, 음악 녹음, 자연음 녹음 등 각각의 목적에 따라 설계된 전문 마이크를 사용합니다.

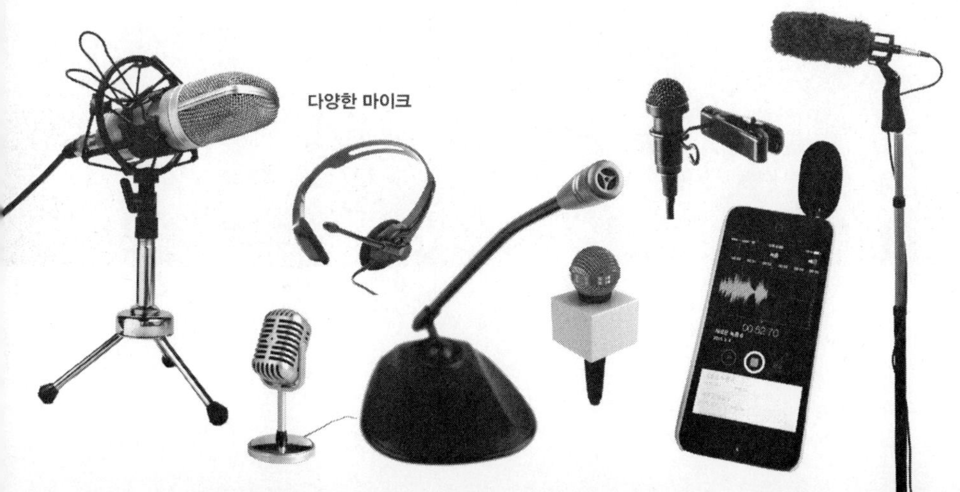
다양한 마이크

콘솔Console

마이크를 통해 들어온 소리의 음량을 조절하고 다른 소리들과 섞어서mix 새로운 소리를 만들어내는 기계 장치입니다. 콘솔에 들어오는 각각의 음량을 조절하는 여러 개의 조절기fader를 사용해 소리들을 믹스한 후 녹음, 저장하거나 송신소로 보내 송출합니다. 그냥 보기에도 복잡하죠? 가격도 상당히 비쌉니다. 방송사나 음악 녹음실의 중심 장비라 할 수 있죠.

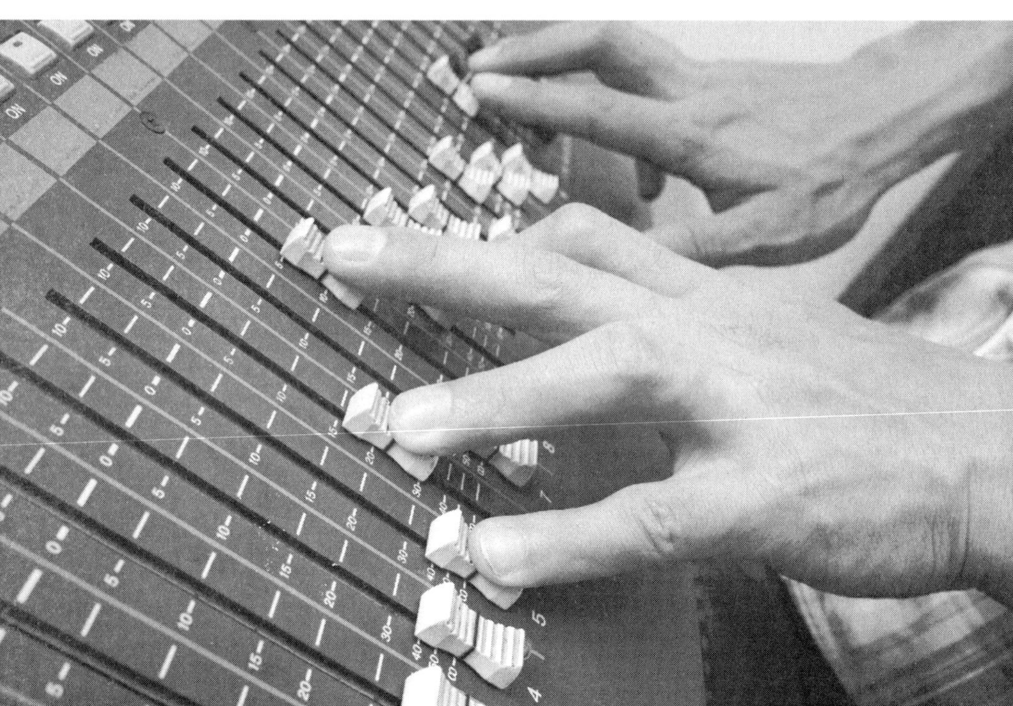

콘솔을 다루는 모습

녹음 장치

녹음 장치는 스튜디오용 녹음기와 취재용 휴대 녹음기 등이 있는데요. 예전에는 아날로그 녹음기와 테이프tape로 녹음했지만 요즘은 MP3 같은 디지털 음원으로 저장됩니다. 취재용 녹음기도 지금은 디지털 녹음기만을 사용하고요. 디지털로 저장된

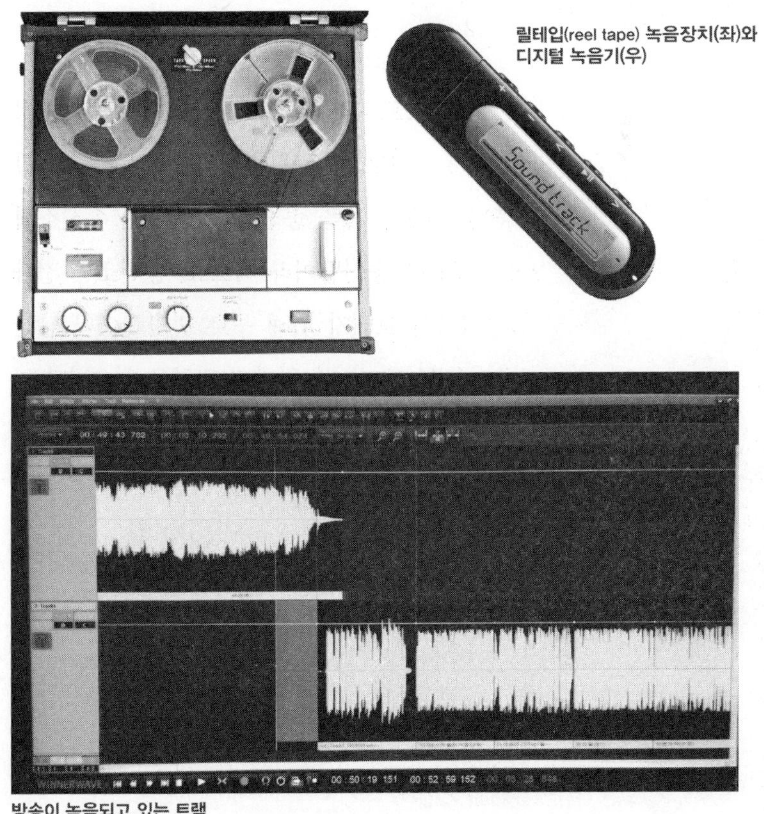

릴테입(reel tape) 녹음장치(좌)와 디지털 녹음기(우)

방송이 녹음되고 있는 트랙

음원들은 생방송이나 녹음을 할 때 바로 컴퓨터에서 끌어와 사용합니다. 테이프를 쓰던 시절에는 현장에서 취재한 내용을 담은 테이프를 들고 방송국으로 뛰어와서 방송에 내보냈지만 지금은 디지털 녹음기이나 휴대폰 녹음기능을 통해 녹음한 후 웹하드webhard나 홈페이지에 올려놓으면 됩니다.

송신소

스튜디오로부터 완성된 프로그램을 전기적 신호로 받아 다시 음파로 증폭해 청취자들이 들을 수 있도록 전파를 송출하는 곳을 송신소라 합니다. 송신소에 있는 거대한 철탑은 송신탑이라 하고요. 송신소는 전파를 멀리 구석구석 보내기 위해 주로 관악산이나 남산처럼 도시 주변의 높은 산 위에 자리하고 있습니다.

라디오 송신탑

라디오 방송의 수입과 운영

라디오 방송사의 주요 수입원은 방송광고, 방송수신료, 기부금, 문화수입 등입니다. 그중 가장 비중이 큰 것은 방송광고입니다. 방송광고는 몇 년 전까지 '한국방송광고공사KOBACO*'에서 독점적으로 방송국에 할당해왔는데, 이런 관행에 대해 헌법재판소가 2008년에 헌법불합치 판정을 내렸습니다. 그래서 지금은 다수의 방송광고 대행사가 경쟁적으로 영업을 하고 있습니다.

지상파 방송의 광고 단가는 시간대에 따라 다르게 책정됩니다. 출퇴근 시간처럼 듣는 사람이 많은 프라임 타임Prime time에는 광고 단가가 비싸고 심야 시간대에는 상대적으로 쌉니다.

KBS 제1TV는 수신료를 받는 대신 상업광고를 하지 않고, 제

* **한국방송광고공사(KOBACO) :** 군사 쿠데타로 정권을 잡은 전두환 정권의 방송 통폐합 조치로 1980년 TBC 동양방송과 DBS 동아방송이 KBS에 강제 편입되고 CBS는 보도기능이 박탈됐습니다. 그와 동시에 방송광고를 통해 방송사를 통제하기 위한 방편으로 한국방송광고공사(KOBACO)를 설립하고 방송광고를 독점적으로 분배하게 됐죠. 이런 광고 독점이 30년 가까지 이어져오다 2008년 헌법재판소가 KOBACO의 방송광고 영업 독점이 헌법에 불합치한다는 판결을 내림으로써 광고 독점 체제는 막을 내렸습니다. 코바코의 설립 목적은 방송통제였지만 방송사가 기업과 대면하여 광고 영업을 직접 하지 않음으로써 광고주의 압력에서 벗어날 수 있었으며, 중소 방송사의 수익에도 도움을 주어 방송환경의 다양성을 지키는 순기능도 있었습니다.

2TV는 민간방송과 마찬가지로 방송광고를 하고 있습니다. 이렇게 KBS는 상업광고와 더불어 TV수신료를 받고 있는데요. 방송법 제64조에 "텔레비전 방송을 수신하기 위하여 수상기를 소지한 자는 수상기를 등록하고 수신료를 납부하여야 한다"고 징수근거를 밝히고 있습니다. 따라서 대한민국에 거주하는 사람은 내외국인을 막론하고 수신료를 납부해야 합니다.

수신료는 'KBS 시청료'라고도 하는데 1994년부터 전기요금과 함께 월 2,500원씩 자동으로 징수되고 있습니다. 이 돈은 KBS의 모든 방송과 KBS교향악단 등의 재원으로 쓰이며 수신료 수입의 3%는 한국교육방송공사EBS의 운영을 지원하고 있습니다. 그 외 민영방송사의 운영비는 거의 대부분 광고 수입으로 충당되고요. 기독교방송CBS, 평화방송PBC, 불교방송BBS, 원음방송WBS 등 종교 법인이 운영하는 방송사는 해당 종교기관이나 신도들로부터 기부금을 받기도 합니다.

지상파 TV와 라디오의 광고가 지속적으로 감소함에 따라 방송사는 광고와 기부금 이외에 공연, 전시회 등의 문화행사 수입과, 부동산 임대수입 등 다양한 수익원을 창출하기 위해 노력하고 있습니다.

chapter 4 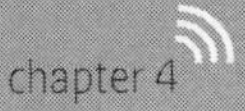

라디오 키드에서 라디오 PD로!

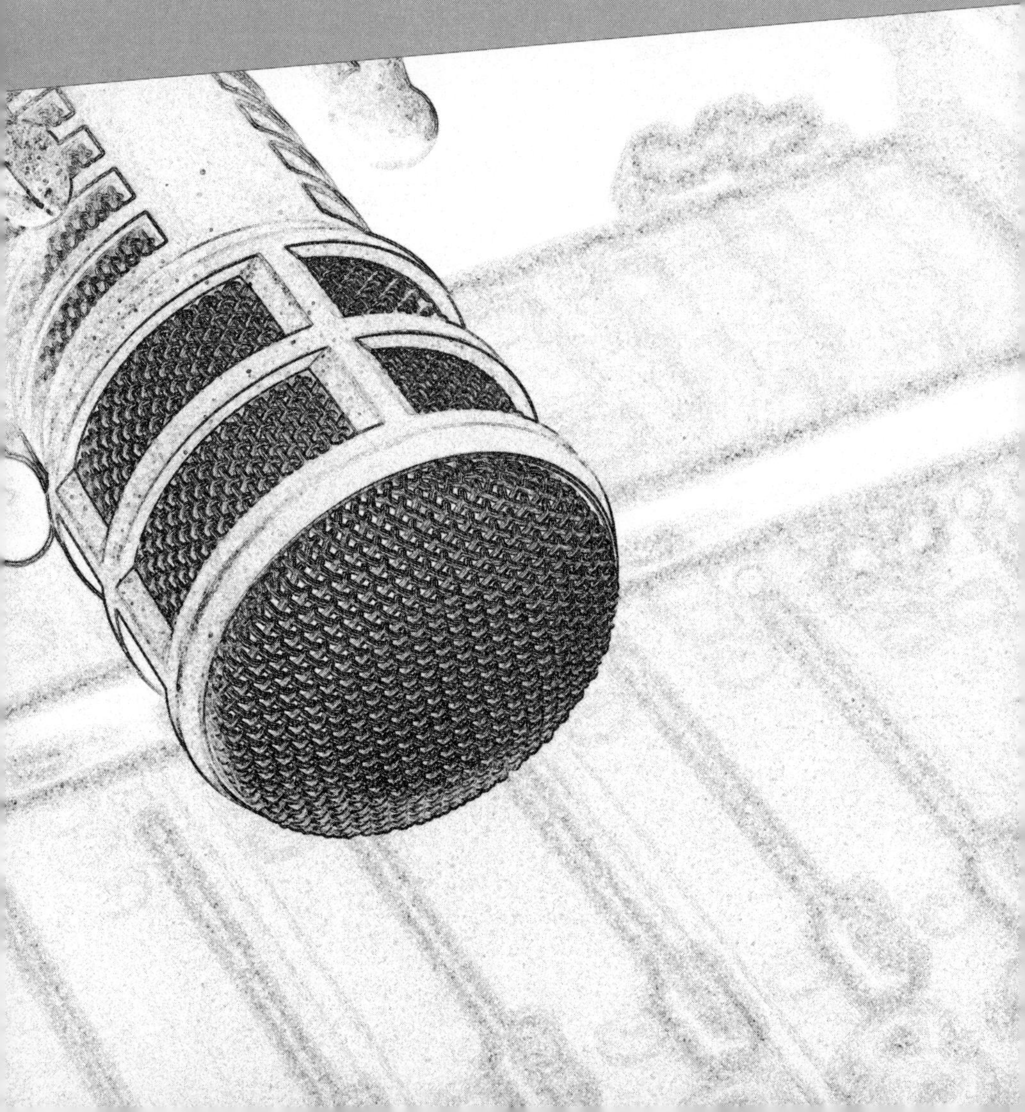

chapter 4

인생은 곱셈이다. 어떤 찬스가 와도 네가 제로면 아무런 의미가 없다

_나카무라 미츠루

라디오 관련 직종

영화가 끝나고 나면 영화 스크린에 자막이 내려오면서 영화 제작에 참여했던 사람들의 이름이 쭉 나옵니다. 연출, 촬영, 기술, 음향, 섭외, 조명, 무대, 음악, 특수효과, 분장 등 영화 한 편을 만들기 위해서는 수많은 전문 인력들이 필요한데요. 라디오의 경우는 영상물처럼 그렇게 많은 제작진이 필요하지 않습니다. 그럼 지금부터 방송 관련 직종들을 알아볼까요?

PD

PD라는 말은 콩글리시*입니다. 한국에서만 쓰는 잘못된 영어라는 뜻이죠. 그런데 모두 그냥 씁니다. 핸드폰도 콩글리시지만 우리나라에서 핸드폰이라고 말하는 것은 부끄러운 게 아니잖아요. 마찬가지로 PD라는 말도 자연스럽게 쓰이고 있죠.

*** 대표적인 콩글리시 단어들**

- 핸드폰 → cellular phone 또는 cell phone
- 아르바이트 → part time job
- 아이쇼핑 → window shopping
- 노트북 컴퓨터 → laptop computer

PD는 'Producer'를 줄인 말일 수도 있고, 'Program Director'를 줄인 말일 수도 있습니다. 그리고 'Producer & Director'를 합친 말일 수도 있죠. 'director'는 연출자라는 뜻입니다. 기획의도에 따라 프로그램 제작을 지휘하는 사람이죠. 조연출은 'AD[Assistant Director]'라고 합니다. 여러 명의 PD가 동시에 일을 할 때 그중 책임자를 'CP[Chief Producer]'라고 하지요. Producer라는 말은 기획자라는 뜻이 더 강합니다. 그래서 PD[Producer & Director]라는 말에는 프로그램을 '기획[producing]'하고 '연출[directing]'*하는 사람이라는 뜻이 담겨 있습니다.

* **기획(Producing)이란 뭔가요?**

채널이 많아지면서 라디오는 채널별로 특성을 부여하게 됩니다. 어떤 채널은 시사 정보, 어떤 채널은 음악, 오락 이런 식으로 자신들이 잘할 수 있는 분야로 채널의 큰 틀을 먼저 만들고 그 콘셉트에 맞는 프로그램을 편성해 PD들에게 배당하지요. 그리고 청취율의 변화를 살펴서 채널 정책이 잘 수행되고 있는지를 점검합니다. 또한 절기에 맞춰 특집 프로그램을 준비하기도 하죠. 이렇게 개별프로그램이 아니고 채널 전체를 보는 안목으로 방송 계획을 잡는 것을 '기획(Producing)'이라고 합니다. 이에 비해 '연출'은 개별 프로그램에 국한되는 개념입니다.

진행자에게 큐싸인을 주는 PD

PD 현황과 피디연합회 회원사

지상파 방송사 PD들의 연합체인 한국피디연합회에 가입된 전국의 방송 PD는 TV와 라디오를 합쳐서 약 2,900명 정도입니다. 여기에 피디연합회에 포함되지 않은 종편채널과 케이블 TV에서 근무하는 PD들까지 포함하면 조금 더 늘어날 수도 있겠네요. 그 가운데 라디오 PD는 약 600명 정도로 추산합니다. 급여 수준은 방송사별로 편차가 있지만 평균적으로 보면 일반 대기업 수준 정도입니다. 대부분의 방송사는 비영리 공익법인이고 노동조합 또한 조직이 잘돼 있어서 고용환경은 안정적입니다. 특별한 일이 없는 한 정년이 보장되는 편이거든요. 물론 앞으로 미디어 시장에서 경쟁이 더 치열해진다면 어떻게 될지는 아무도 모르지만 말이죠.

방송사	인원수
KBS	901
MBC(본사)	416
MBC(지역)	231
SBS	281
EBS	157
CBS	82
불교방송(지방사 포함)	19
교통방송	55
평화방송	41
극동방송(지방사 포함)	54

방송사	인원수
대구방송	22
KNN(부산지역 민영방송)	25
광주방송	14
대전방송	19
전주방송	16
울산방송	13
청주방송	15
경기방송	8
강원민방	12
OBS경인TV	37
TBN(지방사포함)	87
원음방송	18
국악방송	12
제주방송	13
아리랑국제방송	50
독립PD협회	253
경인방송	8
광주영어방송(GFN)	4
부산영어방송	6
한국경제 TV	34
YTN FM	7
합 계	2,910

피디연합회 회원 수(한국 피디연합회 제공)

* **한국독립피디협회 :** 방송사에서 방영되는 TV 프로그램 중에는 외부 제작사(production)에서 제작해 납품하는 것들이 많은데요. 이렇게 독립적으로 프로그램을 제작하고 방송사에 공급하는 외주사의 PD들과 VJ들이 모여 2007년에 만든 단체가 한국독립피디협회입니다. 아직 라디오는 외주 프로그램이 없지만 TV는 외주 제작비율이 상당히 높기 때문에 독립 PD들의 목소리도 점점 커질 것으로 보입니다. 「님아 그 강을 건너지 마오」를 만든 진모영 감독이나 「워낭소리」의 이충렬 감독, 분쟁지역 취재 전문가인 김영미 PD도 한국독립피디협회 회원입니다.

엔지니어Engineer

방송사의 기술 부문을 담당하는 직원을 엔지니어라고 합니다. 주로 전자, 통신 분야의 전공자를 뽑는데 보통은 무선설비기사*라는 자격증을 갖고 있습니다. 도시에 있는 방송사 스튜디오뿐 아니라 전국 각지에 있는 송신소에서도 근무를 하지요. 송신소는 전파를 멀리 쏘기 위해 보통 산에 있는 경우가 많은데, 관악산 정상에 보면 거대한 철탑들이 있죠? 여기가 수도권 주요 방송사의 송신탑들이 모여 있는 곳입니다. 방송장비가 디지털화되고 컴퓨터에 의존하는 경우가 많아지면서 엔지니어들에게도 전파, 통신뿐 아니라 컴퓨터 관련 지식을 갖추는 게 필수가 되었어요.

엔지니어의 공간
생방송 스튜디오(상)와 중앙 조정실(하)

기자記者

방송이나 신문에 기사를 쓰는 사람을 뭉뚱그려서 기자writer라고 부르지만 이 말을 영어로 표현할 때는 상황에 따라 조금씩 다릅니다. 현장을 취재해서 사실을 보도할 경우 'reporter'로 표현할 수 있고, 여러 기사를 편집하고 논평할 경우는 'editor'라는 단어를 씁니다. 현장취재와 리포트보다 사설이나 칼럼을 주로 쓸 경우는 'columnist'라고 하고요. 기자의 사회비판적 역할을 강조할 때는 언론인 즉, 'journalist'라고 합니다. 그런데 언론인이라는 말에는 기자뿐 아니라 PD, 아나운서 등의 언론 종사자도 포함돼 있습니다.

기자는 크게 신문기자와 방송기자로 나눌 수 있는데요. 매체의 특성상 '방송기사'는 '신문기사'와 상당히 다릅니다. 신문은 문어체를 주로 쓰지만 방송은 구어체를 쓰죠. 그리고 신문은 반말을 하지만 방송은 존댓말을 쓴답니다. 그리고 방송기사는 신문기사보다 대체로 짧은 편입니다. 그래야 뉴스 앵커가 읽기에 편하고 듣는 사람들도 이해하기가 쉽거든요. 신문기자는 얼굴이나 목소리가 나오지 않지만 방송기자는 목소리 또는 얼굴이 나옵니다. 그래서 방송기자를 뽑을 때는 카메라테스트와 음성테스트도 거치게 됩니다. 정론직필正論直筆의 정직함과 집요함, 그리고 체력이 필요한 직종이지요.

신문논설과 방송칼럼의 문장 비교

신문논설 _2015. 4. 16 한국일보 사설

제목 : 세월호 참사 1년, 우리는 한 발도 내딛지 못했다.

세월호 1주기 즈음해 팽목항에 다시 사람들이 모여들었다. 위령제가 열린 방파제 앞에서 추모객들은 누어지지 않는 슬픔에 고개를 떨궜고, 배 타고 바다로 나간 유족들은 맹골수로 거친 물살 위에 꽃을 던지며 피를 토하듯 울었다. 마르지 않은 눈물이 1년 전 그때처럼 차갑고 잔인한 바다 위에 또 흩뿌려졌다. 시간은 아무 것도 바꾸지 못한 채 4월 16일 그날에 그냥 멈췄다. 세월호 참사는 몇몇의 실수와 잘못이 빚어낸 단순한 대형교통사고가 아니다. 대한민국이 얼마나 연약한 지반 위에 아슬아슬하게 서있는지를 극명하게 보여준 역사적 사건이었다. 우리가 오랜 세월에 걸쳐 띄운 일견 화려한 외양의 대한민국호號가 구조적 부패와 비리, 무능과 무책임, 몰염치와 비도덕 따위의 한없이 위험한 설계와 자재로 만들어진 부실한 배였던 것이다. 무엇보다 국가운항시스템의 참혹한 가동불능 상태를 목도하면서 국민들은 다만 용케 살아있음에도 안도해야 하는 지경이 됐다. 세월호가 곧 대한민국이었던 것이다.

그러므로 지난 1년은 이 뼈아픈 자각 위에서 국가를 총체적으로 재건조하는 기간이었어야 했다. 참사 한 달여 만인 지난해 5월19일, 박근혜 대통령은 비장한 표정으로 대국민담화문을 읽었다. "희생이 헛되지 않도록 대한민국이 다시 태어나는 계기를 만들겠"다고, "이런 상황에서도 우리가 개혁을 이뤄내지 못한다면 대한민국은 영원히 개혁을 이뤄내지 못하는 나라가 될 것"이라고.

그러데 어떤가. 지금껏 외형적으로 이뤄진 약속은 해경 해체와 국가안전기능을 통괄한다는 국가안전처 신설뿐이다. 사실은 이조차 의외의 결정이었다. 많은 국민은 여전히 실효성에 의구심이 드는 엉뚱한 충격요법이었다는 느낌을 버리지 못하고 있다. 그 외에 체감할만한 변화는 없었다.

진상은 제한적으로 드러났으되, 진실은 아직도 깊은 곳에 묻혀있다. 제한적 진상은 불법증축, 과적, 평형수 불충전, 화물 고박 불이행, 급변침, 늑장 구조 등 직접원인에 한한 것이다. 그러나 오랫동안 폭 넓게 고착돼왔을 업체와의 정관유착 구조와 '대통령의 7시간'으로 상징되는 국가시스템의 붕괴 등 근원적 진실에는 아직 촌보도 접근하지 못하고 있다. 유족과 국민이 염두에 두는 진상규명은 이 진실규명일 것이다.

그러자고 만든 게 세월호특별법이다. 이 또한 박 대통령이 국민에 약속한 사안이다. 특별조사위원회의 수사권과 기소권을 뺀 특별법이 그마저도 무용지물로 전락할 위기에 빠졌다. 진상규명 범위를 '정부조사 결과의 분석 및 조사'로 한정함으로써 독자적인 추가조사를 가로막고 있고, 가뜩이나 대폭 축소한 특별조사위 조직을 정부조직이 통제할 수 있도록 한 시행령 때문이다. 이 시행령의 전면 개정이나 폐기 없이 '일부 조정' 따위의 꼼수로 비껴가려는 것은 대통령이 약속한 특별법 취지에도 반하는 것이다.

세월호 선체인양도 마냥 떠넘기듯 미룰 일이 아니다. 지난 6일 "인양이 기술적으로 가능하다고 결론 나면 … 여론을 수렴해 선체인양을 적극적으로 검토하겠다"던 박 대통령의 발언을 '인양결정'으로 받아들였던 국민들은 정부의 '공론화 후 인양여부 결정'에 어이없어 하고 있다. '여론'이 이미 복수의 기관조사에서 60~80% 인양찬성으로 나온 마당이다. 1년 이상 걸리는 인양을 이런 식으로 끌다가는 특위 활동기간(1년6개월)을 넘길 수도 있다. 특별법 시행령과 함께 진상규명 의지를 의심할 수밖에 없다.

세월호가 드러낸 우리사회의 부끄러운 민낯은 또 있다. 국가적 재난까지도 이념과 정파의 이해로 가르는 짓이다. 광우병사태 이후 국가현안마다 이합집산하며 극단성을 보여온 일부 시민사회단체들에 대한 비판은 그렇다 치자. 유족을 위로하는 순수한 시민에게도 이념의 덫을 씌우고, 심지어 가늘 수 없는 슬픔에 찬 유족들을 코 앞에서 능멸

하는 짐승 같은 짓까지도 벌어졌다. 매사 좌우의 프레임으로 다루는 버릇은 본질을 흐리고 결국은 어떤 개선도 불가능하게 만드는 반(反)사회적 행위임은 재론할 필요도 없다.

언론도 책임에서 자유로울 수 없다. 속보경쟁으로만 변명할 수 없는 구조상황에서의 오보, 왜곡, 정부발표나 괴담의 검증 대신 유포 편승, 유족에 대한 몰(沒)배려, 진실추적의 한계나 외면 등은 우리 언론 전반에 두고두고 지워지지 않는 업보로 남을 것이다.

결국 우리는 아무 것도 달라지지 않은 채 세월호 1년을 맞았다. 세월호로 잃은 것이 너무도 엄청나고 또 허송세월을 한 1년의 공백이 허망하지만, 이제부터라도 여기서 확실하게 배울 수 있다면 우리는 다시 작은 희망이라도 품을 수 있을 것이다. 모두가 머뭇거리는 사이 지난 1년 비슷한 양상의 대형사고가 숱하게 줄을 이었고, '성완종 리스트'로 대변되는 정경유착의 비리구조가 또 확인됐다. 이 고리를 끊지 못하면 대한민국은 결코 앞으로 나아갈 수 없다. 우리가 세월호를 잊지 않고, 끝내 진실을 붙잡으려 노력해야 하는 이유다.

방송칼럼 _2015. 4. 16 CBS 라디오 뉴스해설

제목 : 세월호 1년, 달라진 것은 아무것도 없습니다.

다시 4월 16일이 돌아왔습니다. 1년 전 이 순간 세월호가 가라앉는 모습을 보면서 국가도 국민도 아무것도 하지 못했습니다. 세월호의 진실은, "언니 오빠들을 구하지 않은 거잖아" 아이들의 명쾌한 대답은 어른들을 부끄럽게 합니다. 국가는 무엇이고, 정치는 무엇이고, 공동체는 무엇인지 다시 한 번 묻게 됩니다.

국민의 생명과 안전을 지킨다는 국가는 그 순간 아무런 역할도 하지 못했습니다. 단 한 명 국민의 목숨이라도 소중히 여겨야 할 국가는 304명이 갇혀 있는 배가 침몰하는 동안 한 명도 구조하지 못했습니다. 국민이 행복한 대한민국은 구호일 뿐이었고 정상적인 국가로서의 역할도 하지 못했습니다. 세월호 이전과 이후가 완전히 달라져야 한다고 말했지만 달라진 것은 아무것도 없습니다. 그래서 이제는 구조에 실패해 분노하는 것이 아니라 지난 1년간 아무것도 하지 못했다는 것에 분노하게 됩니다. 국민의 눈물을 닦아주는 것이 정치라고 한다면 지난 1년간 우리 정치는 무엇을 했습니까? 진실의 규명과 상처의 치유, 안전한 대한민국을 만들기 위한 대책을 내놓기보다는 정권을 지키기 위한 정략적인 모습을 보여왔습니다. 국민의 아픔을 보듬고 갈등을 치유하기보다 국민의 안전을 지키지 못한 문제까지 편가르기와 진영논리로 몰고가 분열과 갈등을 조장하기까지 했습니다. 세월호 특별법이 우여곡절 끝에 제정됐지만 시행령 하나 제대로 만들지 못해 진상규명을 위한 첫발도 내딛지 못하고 있습니다.

세월호를 겪으면서 대한민국이라는 공동체를 다시 생각합니다. 일 년이 지난 지금까지 유족들은 여전히 거리에서 눈물을 흘리며 삭발을 하고 애타게 진실규명을 요구하고 있습니다. 이 세상 무엇보다 소중한 아이들, 가족을 잃은 유가족들에게 어떤 위로의 말도 보상도 필요 없을 것입니다. 진실을 외면한 보상은 상처를 덧나게 하고 욕되게 하는 것입니다. 유일한 보상은 아이들의 죽음이 헛되지 않았다고 느낄 수 있도록 하는 것입니다. 우리가 공동체의 일원으로서 유가족들에게 할 수 있는 일은 그 아픔에 공감하고, 슬플 때 함께 울어주고, 힘들 때 보듬어주고 스스로 이겨나갈 수 있기를 지켜보고 격려해주는 일 뿐입니다. 잊지 않고 끝까지 함께하는 것입니다. 그래서 다시는 슬픔과 분노, 좌절감을 느끼게 하는 슬픈 대한민국이 반복되지 않게 하는 일입니다.

아나운서Announcer

텔레비전이나 라디오에서 뉴스나 중계방송을 전문으로 하는 사람을 아나운서라고 합니다. 아나운서는 방송사의 정식 직원이라는 점에서 프리랜서 MC나 리포터와는 구별되는데요. 신문의 간판을 기자로 본다면 방송의 꽃은 아나운서라고도 이야기합니다. 방송에 직접 출연해서 메시지를 전하기 때문이죠. 실력뿐 아니라 외모와 좋은 목소리까지 갖추고 있어야 하기 때문에 그 능력을 선천적으로 타고나야 하는 점도 있습니다. 게다가 뽑는 인원이 적기 때문에 아나운서가 되는 문은 무척 좁지요. 예전에는 아나운서들의 주요 업무가 뉴스였는데, 요즘은 다양한 프로그램을 진행하고 있고 프로그램 제작에 직접 참여해 PD 역할을 하는 경우도 있습니다. 특히 뉴스를 진행하는 사람을 앵커anchor*라고 하는데 뉴스 앵커의 역할은 기자가 할 수도 있고 아나운서, 또는 PD가 할 수도 있습니다. 아나운서는 대부분 정규직이지만 지역방송의 경우 계약

* **앵커(anchor)** : 앵커는 '배의 닻'이라는 말입니다. 배를 정박시킬 때 움직이지 않게 하기 위해 바다에 줄을 매 가라앉히는 쇠로 만든 갈고리죠. 그런데 이 말이 육상 계주에서 마지막 주자를 뜻하는 말이 됐어요. 닻을 내리면 항해가 끝나는 것을 계주의 마지막 주자에 비유한 것이죠. 그러다가 방송국에서는 뉴스 기사를 기자와 데스크를 거쳐 최종적으로 읽는 아나운서에게 전달하면서 앵커라는 말이 쓰이게 된 것입니다.
'Anchor = 닻 → 마지막 주자 → 뉴스 진행자'

직으로 채용하는 경우도 많습니다. 그래서 계약직으로 들어가 경험을 쌓아 정규직으로 이직하는 경우도 있지요.

행정직

방송사에는 많은 직원과 건물, 토지 등의 재산이 있기 때문에 이를 관리하는 행정직 직원들이 있습니다. 또한 광고를 유치하는 마케팅부서가 있고, 방송정책을 연구하는 기획부서도 있습니다. 음반이나 영상물 등의 자료를 관리하는 자료실도 있고요, 방송내용을 모니터하고 공익성을 심의하는 심의실도 있습니다.

방송작가

라디오 프로그램에 필요한 원고를 작성하고 코너 구성을 합니다. 라디오의 경우 프로그램별로 1~3명의 방송작가들이 있습니다. 연차별로 서열이 있는데, 선임작가는 프로그램의 터줏대감 역할을 하기도 합니다. PD는 1~2년마다 한 번씩 바뀌지만 선임작가는 10년 이상 같은 프로그램을 하는 사람도 많습니다. 중간작가는 원고를 쓰고 섭외를 하는 등의 역할을 하고, 막내작가는 보통 사연 정리와 자료조사, 홈페이지에 선곡표 올리기 등 소소한 일들을 하며 경력을 쌓습니다.

방송작가는 방송사의 정직원이 아닌 프리랜서고요. 방송아카데미에서 글쓰기 교육을 받은 후 PD나 현업 방송작가의 소개로 입문하는 경우가 많습니다. 드라마, 예능, 음악, 시사, 꽁트 등 다양한 분야의 전문 작가들이 있습니다.

리포터

방송사 직원인 아나운서와 달리 리포터는 프리랜서입니다. 뉴스 시간에 날씨를 전하기도 하고[기상리포터], 경찰청이나 도로공사의 교통상황실에서 교통정보를 전해주기도 합니다[교통리포터]. 시사 프로그램 소속으로 화제가 되고 있는 이슈에 대한 시민들의 의견을 취재 녹음해서 전하기도 하고요. 현장인터뷰를 진행하기도 합니다.

성우

라디오 드라마가 인기 있던 시절이 있었습니다. 저의 어린 시절이었던 1970년대에는 아침에는 〈아차부인 재치부인〉이라는 시트콤 형식의 홈드라마가 방송되었고, 낮에는 멜로드라마인 〈여인극장〉, 그리고 저녁에는 어린이 드라마 〈손오공〉이 라디오에서 흘러나왔습니다. 그리고 밤에는 청소년 성장드라마 같은 것이 방송되었던 것으로 기억합니다.

드라마가 라디오에서 차지하는 비중도 상당히 컸습니다. 게다가 TV에서 방영되는 외국영화도 자막이 아니라 성우의 더빙으로 나갔습니다. 그래서 엘리자베스 테일러는 누구, 실베스터 스탤론은 누구 하는 식으로 외국 배우별 전문 성우가 있을 정도였죠.

성우의 역할이 많다 보니 방송사마다 전속성우를 선발했어요. 그런데 요즘은 라디오 드라마가 거의 사라졌고 TV에서 방영되는 외국영화도 더빙을 하지 않고 자막을 넣어서 내보내기 때문에 성우들의 입지가 많이 좁아졌습니다. 하지만 아직도 어린이 만화영화에서는 성우들의 활동이 활발합니다. 각 방송아카데미에 성우과정이 개설돼 있어 성우 지망생들을 교육하고 있지요.

1인 시위 "라디오 드라마의 명맥을 살리자"
라디오가 생긴 이래 라디오 드라마는 오랫동안 사랑 받아온 장르입니다. 그래서 라디오 드라마가 사라지는 것을 안타깝게 생각하는 사람들이 참 많습니다.

어떤 사람들이 라디오 PD가 되나요?

여러분, 어떻게 하면 방송사 PD가 될 수 있을까요? 사실 공부를 열심히 해서 공채시험을 보는 방법이 정답입니다. 그렇지만 그 이전에 어떤 전공을 선택하고 어떤 적성이 필요한지 궁금하겠죠. 지금부터 한번 살펴보겠습니다.

PD나 기자가 되려면 신문방송학과를 가야하나요?

ON AIR

그렇지 않습니다. 방송사에서 PD를 뽑을 때 전공 제한을 두지 않거든요. 시험과목은 영어, 국어, 일반상식, 논술 정도인데 영어는 대부분 토익이나 토플 성적으로 대체하고 있습니다. PD나 기자는 글을 쓸 일이 많기 때문에 국어나 논술시험을 통해 우리말 실력이나 논리적 사고능력을 평가합니다. 일반상식은 하루아침에 쌓을 수 있는 것이 아니라 꾸준히 시사문제에 관심을 갖고 폭넓은 독서를 해야 합니다. 지원자들의 전공은 인문사회계열이 대부분인데요. 사회학과, 영문과, 국문과, 정치외교학과, 신문방송학과 출신들이 많습니다. 꼭 신문방송학과를 갈 필요는 없지만 신문방송학을 전공하면 좋은 점이 많습니다. 특히 요즘은 미디어 관련 산업이 빠른 속도로 발전하고 있기 때문에 신문방송학과에서 관심을 갖고 연구할 분야가 참 많습니다. 이공계 출신도 간혹 있는데요. 앞으로는 더 많아질 거라고 봅니다. 라디오 PD에게도 디지털 마인드가 요구되는 세상이니까요. 앞으로 PD라면 스마트 기기를 다루고 그걸로 각종 파일을 편집하고 프로그램을 팟캐스트나 유튜브YouTube 등에 올리는 일 정도는 할 줄 알아야 합니다. 라디오는 음악이 중요하기 때문에 음악 전공자들도 PD를 생각해볼 수 있겠네요. 미술이나 디자인 전공자들도 색다른 시각으로 라디오를 바꿀 수 있지 않을까 싶습니다. 그러니까 결론은 어떤 전공도 다 필요한 데가 있다는 것입니다. 예체능계나 이공계가 희소성이 있어서 오히려 더 유리할 수도 있습니다.

어떤 능력을 키워야 하나요?

열린 마음으로 소통하고 공감하는 능력

방송인은 소통하는 능력을 먼저 갖추어야 합니다. 방송의 본질이 커뮤니케이션communication이기 때문이죠. 10대들이 아이돌그룹 '엑소'에게 열광한다면 '왜 그들에게 열광하는지' 이해하려는 노력을 해야지 "저런 게 무슨 음악이야? 으르렁 거리기나 하고 말이야" 이렇게 배타적으로 접근하면 안 된다는 것이죠. 어떤 문화적 현상도 일단은 스펀지처럼 흡수하고 이해하는 열린 마음이 필요합니다. 소통하는 능력은 어느 직장에서나 필요하지만 PD는 여러 사람들과 함께 작업하는 경우가 많기 때문에 소통과 공감 능력은 필수이죠. 공감은 영어로 'sympathy'라고 하는데, 모두가 하나의 감정을 갖게 된다는 뜻입니다. 청취자들이 공감하는 내용과 감수성으로 접근하지 못한다면 프로그램은 외면당할 수밖에 없습니다.

창의력

PD들은 항상 새로운 시도를 강요받습니다. 수시로 기획안을 내라는 압력에 시달리기도 하죠. 머리가 아픕니다. 그럴 때는 하늘에서 뚝 하고 뭔가 번득이는 게 떨어졌으면 하는 생각도 듭니다. 하지만 그런 일은 별로 없습니다. 창의력은 하늘에서 뚝 떨어지는 능력이라고 생각하는 사람들이 있는데, 저는 창의력이야말로 '노력의 산물'이라고 생각합니다. 다양한 학습과 경험을 통해 축적된 지식과 생각이 창의력으로 나타나는 것이죠.

스타 PD로 불리는 주철환 PD의 특강을 들은 적이 있는데 그분은 창의력 이야기를 하면서 "주입식, 암기 위주의 교육이 왜 나쁜가요?" 하고 반문하더군요. 머릿속에 축적된 많은 학습량이 창의력의 원동력이라는 것이죠. MBC 무한도전을 연출하는 김태호 PD도 언론사 인터뷰에서 이렇게 이야기했습니다.

"아이디어를 어떻게 얻느냐는 질문을 많이 받는데요. 대단히 새로운 건 없어요. 창의력이라는 게 제가 살아온 경험이 부딪혀서 생기는 것 같아요. 다양한 인식과 경험이 만나면서 새로운 생각이 튀어나오는 거죠."

실제로 방송계에는 타고난 천재가 없습니다. 일을 즐기고 공부하고 노력하는 '쟁이'들이 있을 뿐이죠. 그러므로 자신이 창의적이지 못하다고 자책하지 말고 많이 배우고 경험하시기 바랍니다. 그것이 음악이든 여행이든 게임이든 연애든, 범죄만 아니면 도전해볼 가치가 있습니다.

디지털 마인드

이제 미디어시장에서 독야청청은 없습니다. 홀로 설 수 없다는 것이죠. 신문, 방송, 인터넷, 모바일이 서로의 영역을 침투하고 때로는 협력하고 있습니다. 그렇기 때문에 PD는 아날로그적 감성과 더불어 디지털 마인드를 갖추어야 합니다. 새로운 디지털 디바이스와 트렌드에 계속 관심을 가지시길 바랍니다.

여성이기 때문에 불리한 점이 있나요?

ON AIR

라디오 PD는 오히려 여성에게 잘 맞는 직업입니다. 타인의 감정을 이해하고 공감하는 능력이 남자보다 여자가 더 뛰어나기 때문이죠. 또한 라디오 PD는 육체적으로 강한 힘이 요구되는 일도 아니고, 자주 밤을 새거나 출장이 많은 것도 아니죠. 대부분의 업무가 매일 반복되는 일들의 연속입니다. 출산휴가나 육아휴직을 쓰는 것도 일반 기업체에 비해 자유로운 편입니다. 그래서 요즘 여자 PD, 기자들의 숫자가 늘어나는 추세입니다. 이렇게 여성 언론인들이 많아지면서 직장문화도 많이 바뀌었습니다. 저녁에 술자리가 많이 줄었고요. 회식을 해도 1차에서 끝나는 경우가 많습니다. 방송사에서도 술자리나 노래방에서 있을 수 있는 불미스러운 일들을 방지하기 위해 성희롱에 대한 교육을 강화하고 있습니다. 여성이기 때문에 더 좋은 직업이 라디오 PD입니다.

방송반 동아리 활동이 도움이 되나요?

ON AIR

당연히 도움이 됩니다. 바쁜 학습 일정 때문에 동아리 활동을 하기가 쉽지 않겠지만 학창시절의 동아리 활동은 자신의 꿈을 이루기 위한 소중한 경험이 될 수 있습니다. 지방자치단체나 여성가족부에서도 동아리 활동비를 지원해주는데요. 이렇게 지원을 받으면 청소년 활동으로 인증되어 학교생활기록부에도 남길 수 있습니다. 대학 수시모집의 학생부 종합전형에서 동아리 활동은 상당히 중요합니다.

동아리 활동을 지원하는 단체도 다양합니다. 2009년 개정교육과정 도입에 따라 창의성 개발과 인성 함양을 위해 지방자치단체별로 관내 동아리를 선정, 지원하고 있습니다. 또한 교육청, 여성가족부, 사회단체, 청소년단체에서도 지원을 받을 수 있지요. 동아리 활동계획과 지원금 사용계획을 제출하고 통과되면 동아리 통장을 따로 만들어서 예산을 관리해야 하는데, 이때 꼼꼼하게 사용내역을 기입하고 영수증 처리를 해야 합니다.

대학에 가서도 방송관련 동아리 활동을 하는 것이 좋은데요. 대학 방송반 출신 선배들이 방송사마다 많이 진출해 있기 때문에 취업정보를 얻는 데 유리합니다.

동아리 활동에 참여하거나 도움을 받을 수 있는 곳

서울시청소년미디어센터(스스로넷, www.ssro.net)

방송, 디지털 사진, 영화, 라디오와 관련된 동아리를 운영하면서 미디어 관련 체험과 교육을 진행합니다. 방송에 관심 있는 학생들은 꼭 알아두어야 할 단체입니다.

한국청소년 동아리연맹(http://www.kyca.net)

여성가족부 산하 청소년 육성단체로 청소년 동아리 활동지원 및 육성사업과 청소년 동아리 경진대회 등을 주최합니다. 한국청소년동아리연맹에 가입하면 동아리 활동 인증서를 받을 수 있습니다.

서울시립청소년활동진흥센터(http://www.sy0404.or.kr)

서울시 초중고교 및 청소년관련기관 소속 동아리, 청소년 봉사활동을 지원하는 사업을 운영합니다.

서울시립청소년문화교류센터(미지센터, http://www.mizy.net)

국내외 청소년들 간 문화적 이해를 돕고 있으며 서울시 중구 예장동에 위치하고 있습니다.

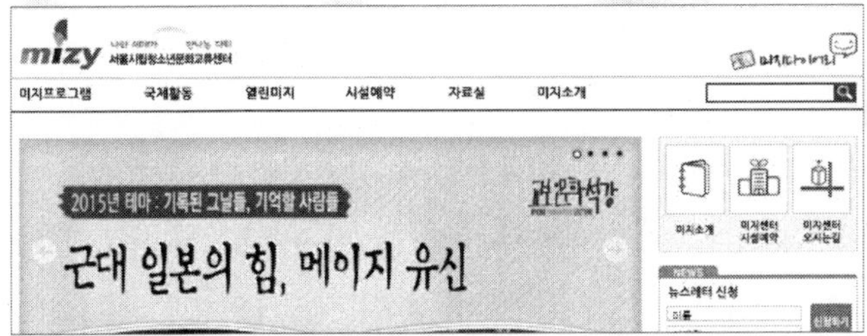

네오위즈 마법나무재단(http://www.magictree.org)

청소년들이 소셜벤처에 대해 이해하는 것을 돕는 단체입니다. 청소년들을 미래의 사회적 기업가로 이끌 청소년 벤처동아리 지원 사업을 진행합니다. 모집대상은 서울, 경기 지역의 고등학교 동아리입니다.

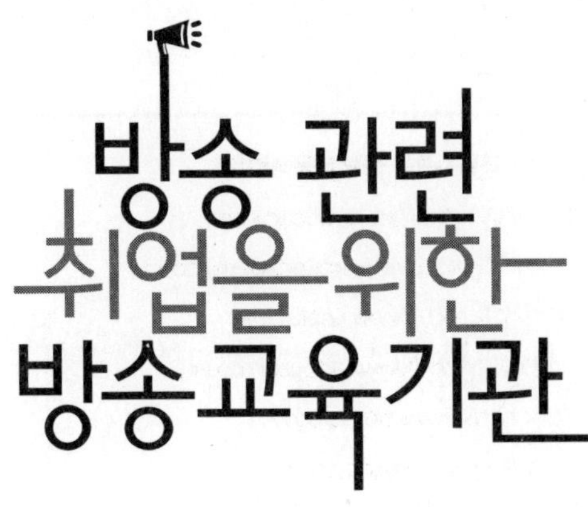

방송 관련 취업을 위한 방송교육기관

다음은 방송 관련 직종 취업 희망자들을 위한 교육기관들*입니다. 방송작가, 리포터, VJ, 성우, 카메라, 등 다양한 직종에 대한 실무교육을 진행하고 있는데요. 물론 유료입니다. 이런 교육기관을 수료했다고 해서 자동으로 방송국 취업이 되는 것은 아니에요. 정규직 PD나 기자, 엔지니어가 되기 위해서는 언론사에서 실시하는 공채 시험에 응시해 합격해야 하거든요.

MBC, KBS, 서울방송 아카데미는 다양한 방송관련 직종 교육과정을 제공하고 있고요. 봄온아카데미는 아나운서 시험을 전문으로 준비하는 학원입니다. 미디어잡과 미디어통은 언론관련 취업정보를 제공하고 있습니다.

* **방송 관련 직종 교육기관과 정보제공 사이트**

– MBC방송아카데미 http://www.mbcac.com

– KBS방송아카데미 http://www.kbsacademy.co.kr

– 서울방송아카데미 http://www.sbatv.co.kr

– 부산방송아카데미 http://www.artbusan.co.kr

– 봄온아카데미 http://www.bomon.co.kr

– 미디어잡 http://www.mediajob.co.kr

– 미디어통 http://www.mediatong.com

라디오 PD와 글쓰기

방송에서 작가만 글을 쓴다고 생각하기 쉬운데 그렇지 않습니다. PD에게도 글 쓰는 능력은 필수이거든요. 방송의 글쓰기는 신문과는 다릅니다. 그렇기 때문에 문어체 표현에 익숙한 사람들은 방송사 입사 후에 다시 글쓰기 연습을 하게 됩니다. 방송인의 글쓰기 원칙에 대해 몇 가지 꼽아볼까요?

방송문장은 아나운서나 MC가 읽기 좋게 간결하게 작성

'하였고', '하였으며' 등으로 계속 길어지는 만연체 문장은 '했습니다. 그리고'처럼 적절한 길이에서 마침표를 찍어주고 다른 문장으로 이어가는 것이 좋습니다. 그리고 필요 없는 수식어는 과감히 생략합니다.

반말이 아니라 존댓말 사용

북한 방송에서 아나운서나 진행자가 가끔 반말을 쓰는 것을 본 적이 있지만 우리나라 방송에서는 한 번도 본 적이 없죠? 신문기사는 반말로 쓰지만 방송에서는 존댓말을 사용해야 합니다.

수동태보다는 능동태를 사용해서 직접적으로 표현

수동태나 이중부정二重不定 문장은 일본어에서 아주 많이 쓰이는데요. 일제강점기를 거치면서 우리말에도 이런 표현이 많아졌습니다. 그런데 이런 표현은 문장을 길게 만들고 본래의 뜻을 흐리게 하는 경우가 많습니다. 그래서 '하게 됩니다'보다는 '합니다', '하지 않을 수 없습니다'보다는 '해야 합니다'처럼 능동태 문장으로 작성하는 것이 좋습니다.

두괄식 문장이 좋다

방송뉴스에서 기사 하나를 읽는 시간은 약 30초 내외입니다. 그 짧은 시간 동안 청취자의 관심을 끌기 위해서는 앞부분에서 먼저 기사의 요지를 한 문장으로 알려주는 것이 좋습니다.

쉽고 정확한 단어 선택

방송사에 처음 들어왔을 때 선배들로부터 들었던 말이 있습니다. "방송은 중학교 3학년 학생들 수준에서 이해할 수 있게 만들어야 한다"는 말이었죠. 그러기 위해선 단어 선택도 가급적 쉬운 단어 위주로 해야 하겠죠? 또한 '오뎅', '닭도리탕' 같은 일본식 말은 '어묵', '닭볶음탕' 같은 우리말로 고쳐서 써야 하고, 표준어와 사투리, 외래어에 대한 정확한 지식도 갖고 있어야 합니다.

외래어 간판

예스러운 문어적 표현보다 현대인들이 많이 사용하는 언어를 쓰는 것이 좋다

예를 들면 '작금의 세태' 이런 말보다는 '요즘의 시대상' 이렇게 쓰는 것이 훨씬 알아듣기가 좋습니다.

방송문장은 이렇게 청취자가 알아듣기 쉽고, 방송진행자가 읽기 좋은 문장이어야 합니다.

에필로그

감성과 상상력이 중요한 시대가 온다

라디오는 '상상력을 자극하는 미디어'입니다. 반면 TV는 '상상력을 죽이는 미디어'입니다. 특히 어린 아이들에게는 치명적이죠. 어린 아이를 바보로 만들고 싶다면 하루 종일 TV를 틀어주면 됩니다. 칭얼대는 아이를 얌전하게 만드는 방법으로 비디오만큼 편한 것은 없습니다. 아침부터 「텔레토비」를 틀어주고 「스폰지밥」을 보여주면 아이들은 조용합니다. 아이들은 거실에서 부모님이 보고 있는 TV를 아무 생각 없이 함께 보기도 합니다. 이는 아이의 정신발달에 해롭습니다. 실제로 TV를 유아들에게 틀어주면 20분 만에 뇌파가 무반응 상태가 돼버린다고 합니다. TV가 모든 시청각적 요소를 동원해서 유아의 감각적인 욕구를 충족시켜주기 때문입니다. TV를 보며 아이는 따로 생각할 필요 없이 그냥 편안하게 수용적인 태도로 화면에 눈을 고정시키게 됩니다. 또한 TV 프로그램은 아이의 정신적 성장 단계를 무시하고 너무 많은 정보를 쉴 새 없이 화면을 바꿔가며 제시합니다. 따라서 아이는 생각할 여유를 잃게 되는데요. 덧셈 뺄셈을 해야 할 초등학생에게 미적분을 막 설명하면 머리가 멍해지는 것과 같습니다. 어린 아이에게는 TV의 수많은 정보보다 방바닥에 기어가는 개미 한 마리를 보는 것이 더 좋은 경험입니다. 상상력이 풍부한 아이로 키우고 싶다면 TV 시청을 제한해야 합니다. 대신 오디오에 관심을 가져야 합니다. 엄마 뱃속에서부터 들어온 친숙한 목소리를 통해 아이는 많은 것을 배우니까요.

미국 노동부에서 얼마 전에 미래의 유망 직업에 대한 보고서를 냈는데요. 10년 후의 사람들이 하는 일 중 65%는 아직까지 사람들이 생각해보지 못한 직업일 것이라는 예측이 있었습니다. 또한 현존하는 직업 중 50만 개가 인공지능으로 작동하는 로봇이나 기계에 넘겨

질 것이라고도 합니다.

우리나라의 대표적인 뇌腦 과학자인 카이스트 김대식 교수는 인공지능 기술의 급속한 발전으로 20~30년 후에는 인공지능을 가진 로봇과 인간이 치열한 경쟁을 벌일 가능성이 높다고 주장합니다. 그는 "암기·계산 위주의 교육은 산업혁명 때나 효과적이었던 방식"이라며 현재 초, 중, 고등학교 학생들은 어쩌면 기계와 경쟁해야 하는 첫 세대가 될 가능성이 높기 때문에 AI가 도달할 수 없는 "창의적이고 감성적인 분야의 인재로 키우는 교육이 필수적"이라고 강조했습니다. '창의적이고 감성적인'이라는 말 속에 라디오가 나아갈 길이 있습니다. 라디오는 상상력을 자극하는 미디어이기 때문입니다.

라디오와 미디어 시장의 강적들

저는 1994년에 라디오 PD 일을 시작했는데요. 그때부터 지금까지 한 번도 라디오는 위기가 아니었던 적이 없었습니다. 미디어 환경이 아주 빨리 바뀌고 있기 때문이지요. 지난 20년 동안 CATV, 위성 TV, 지하철 무가신문, DMB 방송 등 새로운 미디어들이 계속 등장했습니다. 하지만 미디어시장의 판을 뒤집을 만큼 강력하지는 못했죠. 그런데 21세기에 들어서자마자 미디어시장을 완전히 뒤흔드는 새로운 강적이 등장했습니다. 매우 강력하고 무서운 녀석입니다. 그런데 이 녀석은 경쟁자이면서 협력자라 할 수 있어요. 바로 인터넷이죠.

초고속 인터넷이 대중적으로 보급됨에 따라 우리나라 미디어 산업도 전환기를 맞게 됩니다. 뉴스를 인터넷으로 보는 사람이 많아지면서 전통적인 인쇄매체인 신문과 잡지가 사양길로 접어들고 '네이버'나 '다음' 같은 인터넷 포털 업체의 매출이 급격히 늘어났거든요. 이에 따라 방송과 신문은 새로운 활로를 모색하게 되는데요. 조선, 중앙, 동아 등 대형 신문사들은 방송법을 개정해 TV방송에 진출했습니다. 그리고 라디오는 인터넷과의 제휴를 적극적으로 추진합니다. 실시간으로 라디오 진행자들의 모습을 볼 수 있는 '보이는 라디오'가 나타났고 지나간 방송을 다시 들을 수 있는 'AOD'* 서비스와 '팟캐스트podcast'**가 등장했습니다.

* **AOD(audio on demand)** : 정시에 방송되는 라디오 프로그램을 생방송으로 들을 수 없을 때 일정한 이용료를 내고 원하는 시간에 원하는 프로그램을 들을 수 있는 주문형 오디오 서비스를 AOD라고 합니다. 주문형 TV프로그램은 VOD(video on demand)입니다.

** **팟캐스트(podcast)** : 팟캐스트는 'ipod'의 'pod'과 방송을 뜻하는 'cast'가 합쳐진 단어입니다. 기존의 방송사가 아니라 개인도 팟캐스트 방송을 만들어 올릴 수 있고, 청취자들은 아이튠즈의 팟캐스트 구독 소프트웨어를 통해 언제 어디서나 방송을 보거나 들을 수 있습니다. 우리나라에서는 2012년 즈음에 방송됐던 정치토크쇼 〈나는 꼼수다〉가 큰 인기를 끌었으며 한국형 TED프로그램인 〈세상을 바꾸는 시간 15분〉 같은 교육적인 프로그램도 많은 이들이 찾아서 보고 있습니다.

또한 인터넷으로 라디오를 들을 수 있는 인터넷 라디오가 등장했는데 KBS의 '콩', MBC의 'mini', CBS의 '레인보우', SBS의 '고릴

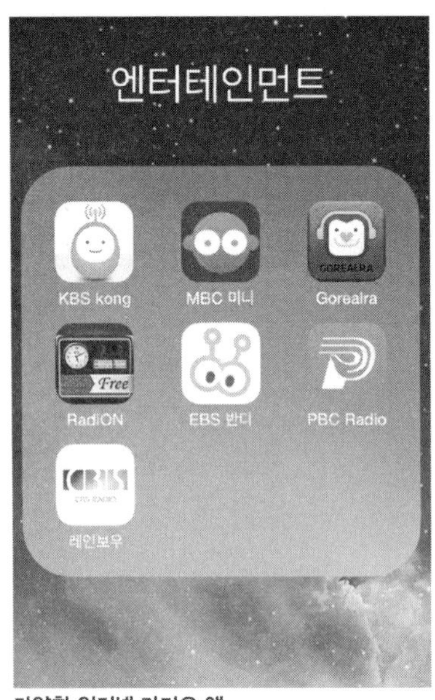

다양한 인터넷 라디오 앱

라' 등이 대표적인 인터넷 라디오입니다. 2014년 현재 라디오 청취자 중 약 10%가 인터넷 라디오로 방송을 듣는데, 그 비율은 점점 높아지고 있습니다. 특히 모바일 앱으로 듣는 비중이 급격히 늘어나고 있지요. 데이터에 대한 부담만 없어진다면 아마도 훨씬 많은 사람들이 스마트폰으로 라디오를 듣게 될 것으로 보입니다. 그래서 요즘 라디오 방송의 경영진들은 "스마트폰에 어떻게 라디오를 얹어서 수익을 창출하고 영향력을 유지할 수 있을까?" 하는 고민을 매일 하고 있습니다.

라디오의 미래를 이야기할 때 빼 놓을 수 없는 것 중 하나가 디지털 라디오입니다. 텔레비전의 디지털화는 2012년 12월 31일 아날로그 TV방송이 종료됨으로써 마무리됐습니다. 그리고 이제 정부는 라디오의 디지털화를 추진하고 있습니다. 정부가 라디오의 디지털화를 추진하는 이유가 몇 가지 있는데요. 첫 번째는 '채널 다양화'입니다. 디지털 라디오가 실현되면 지금보다 서너 배 많은 라디오 채널을 확보하게 됨으로써 다양하고 전문적인 라디오 방송이 가능해집니다. 지금은 주파수가 한정돼 있어서 특정 분야의 전문 채널이 들어갈 틈이 없지만 디지털 라디오가 실현되면 24시간 방송하는 재즈 채널, 힙합 채널, 로큰롤 채널 등이 등장할 수도 있고, 시사토크 전문채널, 다문화 채널 등이 등장할 수 있을 것으로 보입니다. 또한 라디오 방송 내용을 데이터로 제공하는 서비스나 보이는 라디오 같은 부가서비스도 활성화될 것이며 음질도 CD수준으로 향상될 것으로 예상됩니다. 하지만 10년 넘게 이어져온 디지털 라디오에 대한 논의는 아직도 끝나지 않고 있는데요. 언젠가 라디오의 디지털화는 이루어질 것이라고 생각합니다.

미디어시장에는 새로운 경쟁자들이 속속 등장하고 있습니다. 물론 한국경제가 예전에 비해 규모도 훨씬 커졌고 광고시장도 성장했지만 수많은 미디어들을 다 먹여 살릴 만큼은 아닙니다. 그렇기 때문에 미디어시장은 이제 더 이상 '블루 오션blue ocean'이 아니라 '레드 오션red ocean'* 입니다. 그러다 보니 다양한 생존 전략을 구사해 살아남으려고 합니다. 살아남으려면 비용을 줄이고 효율을 극대화해야 합니다. 히말라야의 고산지대에 가면 산소가 희박합니다. 해발 5000m 높이에서 산소는 평지의 1/2로 양이 줄어듭니다. 8000m에 이르면 평지의 1/3로 줄어들고요. 그럴 때 쓰는 전략이 바로 '씬

* **블루 오션(blue ocean) vs. 레드 오션(red ocean) :** 블루 오션은 아직 시작한 지 얼마 안 되서 경쟁자도 적고 가능성도 큰 유망한 직종, 또는 시장을 말합니다. 반대의 개념은 레드 오션입니다. 한정된 먹이를 놓고 사나운 물고기들이 물고 뜯는 피바다처럼 경쟁이 치열하고 성장 잠재력도 한계에 부딪힌 시장을 말하지요.

에어thin air, 희박한 공기' 전략입니다. 쓸데없이 움직여서 에너지를 낭비하지 말라는 것이죠. 경제에 빗대어보면 한마디로 '비용을 줄이는 전략'이라 할 수 있습니다. 앞으로 미디어시장의 경쟁이 더 치열해진다면 이러한 씬 에어 전략은 라디오 방송에서도 대세가 될 것입니다. 비용을 줄이기 위해 프로그램 하나를 PD, 작가, DJ가 함께 만드는 대신 한 사람이 모든 역할을 하게 될 수도 있는 것이죠.

비용 절감과 함께 생산한 콘텐츠를 다양하게 가공해 효율을 높이는 전략도 채택되고 있습니다. CBS에서 몇 년 전부터 외치고 있는 '원 소스 멀티 유즈one-source multi-use' 전략도 그중 하나입니다. 한 가지 콘텐츠를 다양한 플랫폼*에서 활용한다는 뜻이죠. 예전 라디오 방송은 그냥 라디오 방송이었습니다. 방송 전파가 나가는 순간 업무가 끝난 것이었죠. 하지만 요즘은 라디오 뉴스나 인터뷰를 다양하게 재가공해서 활용합니다. 인터뷰 내용을 인터넷 기사로 만들어서 포털에 올리기도 하고 SNS 공식 계정을 통해 뿌리기도 합니다. SNS도 트위터, 카카오스토리, 페이스북 등 한두 가지가 아니

* **플랫폼 :** 원래는 역(驛)에서 승객이 열차를 타고 내리기 쉽도록 철로 옆을 지면보다 높여서 설치해놓은 평평한 장소를 말합니다. 이곳에 사람들이 모여 있다가 열차를 이용하는 것인데요. IT용어로서의 플랫폼은 인터넷 상에서 사람들이 모일 수 있는 운영체계를 말합니다. 마이크로소프트의 'Window', 애플의 'IOS', 구글의 'Android OS'와 소셜네트워크서비스(SNS)인 '페이스북'도 플랫폼이라고 할 수 있습니다.

죠. 그 뿐이 아닙니다. 팟캐스트로도 올려줍니다. 라디오 인터뷰가 다양한 플랫폼을 통해 퍼져나가는 것이죠. 그러다 보니 요즘 방송국에서 일하는 PD나 기자들은 예전보다 훨씬 많은 일을 하고 있습니다. 예전에는 기자가 기사만 쓰면 됐지만 요즘은 그럴 수 없습니다. PD도 마찬가지죠. 프로그램을 만드는 것은 기본이고 그 외에 부가적인 일들이 참 많아졌답니다. 그러니까 요즘 시사 PD는 'PD + 기자 + SNS 관리자'의 역할을 동시에 하고 있는 것이죠. 방송사에서 원하는 인재는 한 가지 일만 하는 PD, 기자가 아니라 웹web에서 다양한 일을 수행하는 "스마트 저널리스트smart journalist"입니다.

포털사이트에서 많이 본 뉴스를 점령한 라디오 시사 프로그램

라디오가 나온 지 100년이 됐습니다. 우리나라의 미디어 산업은 천천히 변해오다가 최근 10년 사이에 급격한 변화를 보이고 있는데요. 그 중심에는 인터넷, 특히 모바일이 있습니다. 인터넷은 경쟁자와 협력자의 두 얼굴을 갖고 있습니다. 그렇기 때문에 미래의 라디오는 인터넷을 적극적으로 활용하여 활로를 만들어나갈 것입니다.

수억 년을 버텨온 끈질긴 생물처럼 라디오는 인터넷의 다양한 플랫폼들을 숙주(?)로 삼아 오랫동안 오디오 DNA를 후세에 남기게 될 것입니다. 그것이 가능한 이유는 첫째, 음성을 통한 메시지 전파가 방송의 본질적인 요소라는 점입니다. 둘째, 라디오 방송은 적은 자본과 나쁜 환경에서도 만들어낼 수 있을 만큼 단순하다는 점입니다.

라디오 PD는 신나는 이야기꾼

러시아나 북유럽처럼 겨울이 긴 나라일수록 옛날이야기나 전설이 많습니다. 눈이 쌓여 다닐 수도 없는 숲속의 오두막집에서 사람들은 기나긴 겨울밤을 보내야 합니다. 밖에서는 늑대 울음소리가 들리고 하늘에는 시린 별들이 반짝입니다. 그런 밤에 아이들은 화로에 둘러 앉아 할머니의 이야기를 듣습니다. 단순하고 심심한 삶이지만 할머니의 이야기를 듣는 아이들은 행복한 상상력을 키워 나갔겠죠. 라디오의 시대도 마찬가지입니다. 화자話者가 할머니에서 라디오로 변했을 뿐이죠. 느리지만 정겹고 이야기가 넘치는 미디어가 라디오입니다.

CBS에서 최근 '디지털 이야기꾼' 인턴을 모집했어요. 지원하는 데 학력, 나이 제한을 두지 않았는데요. 참신한 디지털 콘텐츠를 기획해서 채택되면 제작비와 취재, 편집 장비 등을 지원해 콘텐츠를 완성하는 것을 도와줍니다. 그리고 완성된 작품을 인터넷과 SNS를 통해서 확산시킵니다. 이런 과정을 통해 재능 있는 청년들을 채용할 수도 있겠죠? 한마디로 놀이터를 만들어주고 실컷 놀게 한 다음 인재들을 선발하겠다는 것입니다. 지금까지 언론사는 필기시험과 면접으로 방송인을 충원했는데, 앞으로는 이렇게 재미있는 인턴 프로그램을 통한 인재선발도 많아질 것으로 보입니다.

이런 프로그램이 얼마나 성공할지는 알 수 없어요. 하지만 저는 '이야기꾼'이라는 말에 매력을 느낍니다. PD라는 직업 자체가 원래 이야기꾼이거든요. 재미있는 이야기, 감동적인 이야기, 그리고 정의로운 이야기를 찾아내고 전달하는 것이 PD가 하는 일입니다. 기자도 마찬가지겠죠. 자신의 기사를 많은 사람들이 읽고 반응하면 보

CBS '디지털 이야기꾼' 인턴 모집

람을 느끼니까요. 통계에 따르면 인터넷 기사 가운데 사람들이 많이 보고 댓글을 남기는 소재는 '아름답고 기분 좋은 것', '고양이나 아가처럼 귀여운 사진이 첨부된 것', '문제 해결이 들어 있는 내용' 같은 것 이었고, 사람들이 별 반응을 보이지 않는 소재는 '음악이나 책 같은 예술분야', '그냥 사실만 전달하는 기사' 같은 것들이었어요. 그러면 라디오를 듣는 사람들은 어떤 소재를 좋아할까요? 이는 라디오를 듣는 이유와도 관계있는데요. 사람들이 라디오를 듣는 이유는 '재미 〉 좋은 음악 〉 진행자 〉 정보 욕구' 순이었습니다. 라디오에 대한 사람들의 이런 욕구를 참고해서 재미있는 이야기를 꾸며내는 것이 라디오 PD가 하는 일입니다.

미디어 환경이 바뀌어서 종이신문이 퇴조退潮하고 인터넷이 대세가 되고 방송은 주춤주춤 하고 있습니다. 경쟁은 더 치열해져서 다수의 언론사가 그야말로 생존을 걱정합니다. 하지만 그럼에도 불구하고 라디오의 본질인 오디오 콘텐츠의 중요성은 줄어들지 않을 것입니다. 아이들에게 라디오는 상상력을 길러주고 꿈을 키워줍니다. 경제활동의 중추인 중장년층에게는 뉴스와 정보 그리고 휴식을 줍니다. 그리고 노년층에게는 고독한 생활의 친구가 되어줍니다.

PD가 되고자 하는 후배들에게 꼭 하고 싶은 말은 청취자들의 다양한 욕구를 채워주는 "흥과 호기심이 가득한 이야기꾼이 되라"는 것입니다. 데이트할 때 여자 친구를 기쁘게 해주기 위해 재미있는 이야기를 수첩에 적고 외워본 적이 한 번쯤 있지 않습니까? 그렇듯이 청취자들에게 들려줄 이야깃거리를 만들기 위해 꾸준히 책을 읽고 영화를 보고, 음악을 듣고 소외된 곳을 따뜻한 시선으로 구석구석 살펴볼 것을 권합니다. 창의력이 없다고 포기하지 마세요. 라디오 PD에게 아인슈타인만큼의 창의력을 요구하지는 않습니다. 주변의 사물과 대화하십시오. 그리고 그 사물 속에서 이야기를 찾아보세요. 그림을 많이 보는 것도 추천합니다. 유명한 그림을 한 시간 동안 바라보고 대화하다 보면 저절로 이야기가 떠오르게 돼 있습니다. 떠오르는 이야기를 글로 남기십시오. 주변의 사물들과도 대화하십시오. 화분과도 대화하고 의자와도 대화하고 책상과도 대화해보세요. 아마 여러분은 뛰어난 이야기꾼이 될 것입니다.

사랑하는 사람을 찾듯이 사랑하는 일을 찾아라

_스티브 잡스

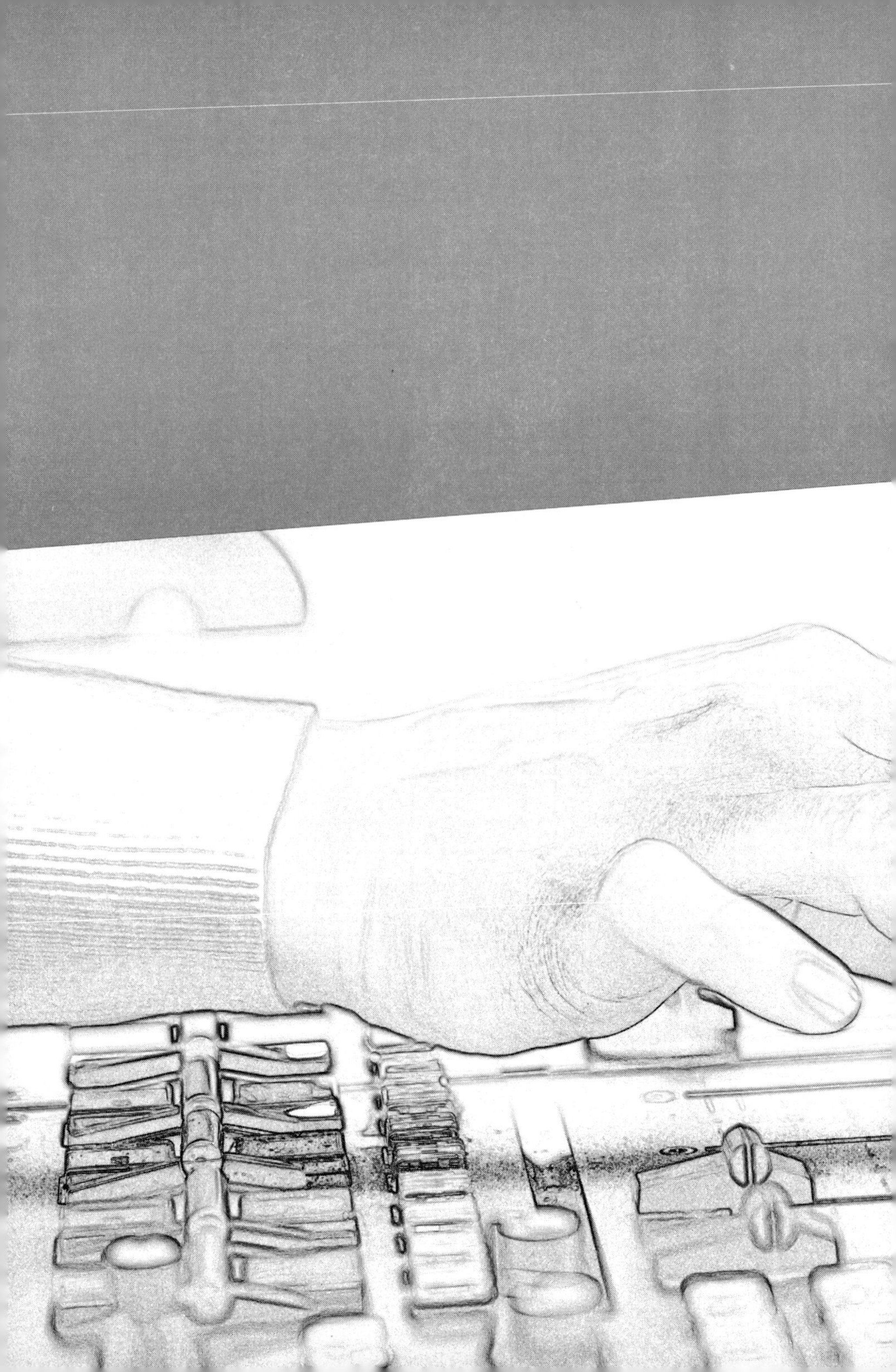

chapter 5

부록

라디오와 라디오 PD에 대한 이야기를 하다 보니 뭔가 빼놓은 게 있는 것 같아요. 보너스로 독자 여러분들이 궁금해할 이야기를 몇 가지 덧붙여봅니다.

식은 땀 나는 방송사고

라디오는 생방송이 원칙입니다. 그러다 보니 돌발적인 방송사고의 위험이 항상 존재하죠. 교통체증으로 DJ가 생방송 시간에 늦기도 하고 출연자의 돌발 발언으로 PD가 징계를 받기도 합니다. 어떤 DJ는 밤새 마신 술이 깨지 않은 채 아침 생방송을 진행하기도 했습니다. 라디오라 진행자가 보이지 않는데다가 그분 말투가 평소에도 술 취한 것처럼 어눌해서 아무도 눈치 채지 못했다고 하네요.

라디오 방송사고 하면 김흥국 씨를 빼 놓을 수 없는데요. 프로그램에 출연한 쌍둥이 가수에게 "두 분 자매는 나이 차이가 어떻게 되세요?"라는 질문을 던진 적도 있고 전화 연결된 청취자가 부인과 사별한 지 10년 됐다고 하자 "아니 그러면 성격 차이로 헤어지셨나? 왜 헤어지셨어요?"라는 황당한 질문을 하기도 했답니다. 한 번은 국회의원 한 분이 라디오 방송에 출연해 이야기를 하다 감정이 격해져서 진보진영에게 유독 비판적인 보수신문들을 비난한 일이 있는데요. 그 국회의원이 "ㄷ일보는 똥 같은 신문이고 ㅈ일보는 좆같은 신문입니다"라는 말을 해버린 겁니다. 순간 스튜디오 밖에 있던 PD의 얼굴은 사색이

됐지만 생방송 중에 나간 전파는 되돌릴 방법이 없었습니다. 결국 그 프로그램은 방송심의위원회로부터 징계를 받았습니다.

방송사고가 전화위복이 되어 오히려 좋은 결과를 가져온 사건도 있는데요. 1970년대 강원도에서 탄광이 무너져 광부들이 갇히는 탄광사고가 있었습니다. 서울에 있는 신문, 방송 기자들이 사고 현장으로 달려갔죠. 당시만 해도 시골에는 교환수가 전화를 직접 연결해주었다고 해요. 그래서 탄광 사무실에서 기자들이 줄을 서서 대기하고 있다가 전화로 뉴스 리포트를 했습니다. 그렇게 어떤 기자가 생방송 뉴스에 사고 소식을 전하기 위해 전화기를 들고 있었어요. 그런데 교환원이 자꾸 전화통화가 안 끝났느냐고 묻는 겁니다.

전화 통화를 기다리는 사람들이 밀려 있었거든요. 교환원이 물었습니다. "전화 끝났어요?" 기자는 "아니 조금 기다려요"라고 대답했죠. 1~2분 있다가 교환원이 또 묻습니다. "전화 끝났어요?" 기자는 살짝 짜증이 섞인 목소리로 답했습니다. "아직 시작도 안 했다니까." 이러기를 서너 차례, 생방송 스탠바이 중이라 예민해져 있던 기자가 결국 폭발해서 전화 교환원에게 욕설을 퍼부었습니다. "야, 이 XX년아, 들어가!" 그런데 그 순간 생방송에 전화가 연결되는 바람에 기자의 쌍욕이 라디오 전파를 타고 방송됐습니다. 어떤 정신으로 방송 리포트를 했는지 모르겠지만 방송이 끝난 후 담당국장이 기자에게 전화를 했습니다. "야, 너 해고야. 내일부터 회사 나오지 마!" 다음 날 탄광사고는 수습되고 다른 언론사 기자들은 서울로 올라갔지만 해고 통보를 받은 그 기자는 탄광촌 여관에서 며칠 동안 술만 마셨다고 합니

다. 그런데 여기서 반전이 일어납니다. 복구되었던 탄광이 다시 무너지고 광부들이 갱도에 또 갇힌 겁니다. 서울에서 기자들이 현장까지 가려 해도 하루를 족히 잡아야 했던 시절, 해고되는 줄 알았던 그 기자는 혼자 특종을 터뜨리며 해고의 위기를 넘겼다고 하네요.

릴테이프로 방송을 하던 시절에는 녹음된 방송 테이프를 담당 PD가 무의식적으로 서랍에 넣고 잠근 채 퇴근하는 바람에 방송이 되지 못하는 일도 있었고, 다른 PD가 녹음해놓은 테이프 위에 다른 내용을 녹음을 해버리는 어처구니없는 실수를 저지르기도 했습니다.

방송 사고는 당시에는 식은땀이 나지만 나중에는 두고두고 이야깃거리가 된답니다. 세상이 너무 완벽하고 평범하다면 재미없잖아요?

라디오 사연 채택되는 방법

라디오에 사연을 몇 번 보냈는데 소개도 안 되고, 퀴즈에 정답을 보내도 당첨이 안 된다는 분들이 많은데요. 제가 다년간 라디오 사연을 뽑아본 경험을 바탕으로 사연 당첨되는 방법을 알려 드릴게요. 이 방법으로 여러분의 사연이 채택 되고 상품을 받게 된다면 이 책값 정도는 빠지지 않을까 생각합니다.

홈페이지에서 프로그램이 원하는 것을 찾아라

라디오 프로그램에는 요일별로 다양한 코너들이 있고 그 코너에 필요한 청취자 사연이 있습니다. 그런데 새로 생긴 코너라 잘 알려지지 않았거나 어떤 이유로 올라온 사연이 적을 때가 있어요. 그렇게 되면 PD는 코너를 제대로 운영하기가 어렵죠. 그렇기 때문에 그런 코너에 사연을 올린다면 채택될 확률이 높습니다.

작가가 재구성하지 않게 적당한 분량으로 써라

자기소개서를 장황하게 쓴다고 합격하는 게 아니듯 사연도 무조건 길게 쓴다고 좋은 게 아닙니다. 오히려 너무 길면 PD나 작가가 읽어보기를 포기합니다. MC가 간단하게 읽고 말을 덧붙일 수 있게 적당한 분량으로 쓰는 것이 중요합니다.

같은 사연을 중복해서 여기 저기 보내지 말라

아침 방송에 나왔던 사연이 저녁 방송에 그대로 나온다면 PD입장에서는 완전히 김새는 일입니다. 중복 사연이 나오면 청취자들의 제보가 바로 들어옵니다. 그리고 중복 사연을 보낸 분에게는 선물 대신 항의 전화가 갑니다.

선물에 연연하는 모습을 보이지 말라

간혹 대놓고 선물을 달라고 떼쓰는 청취자들이 있는데요. 이럴 경우 선물 헌터hunter 같은 느낌이 들어서 사연을 채택하기가 싫어집니다. 선물에 별 관심이 없는 듯 쿨한 모습을 보여주세요.

퀴즈 응모 시 단답형은 땡! 탈락

라디오 프로그램에서 퀴즈를 낼 때는 사람들의 참여를 유도하기 위해서 쉬운 문제를 내는 경우가 많습니다. 그러니까 정답을 보내주는 사람도 당연히 많겠죠. 덕분에 선물에 당첨될 확률은 1%도 되지 않습니다. 그런 무수한 정답 중에서 선택 받으려면 뭔가 주목을 끄는 게 있어야 하지 않을까요? 단답형으로 "정답 1번" 이렇게 보내면 100% 탈락입니다. 예를 들어 퀴즈 정답이 '1번 귤'이라고 하면 "정답 1번 귤, 귤껍질 같은 내 피부 어쩔 ㅠㅠ" 이 정도의 성의라도 보여야 한다는 거죠.

영화 속에 비친 라디오

십년 전 쯤 영화사에서 일하는 후배가 저를 찾아왔어요. 영화를 하나 준비하는데 주인공이 라디오 PD라는 거예요. 그러면서 라디오 PD의 생활에 대해 이것저것 물어보는데 이 친구가 생각하고 있는 라디오 PD라는 직업이 현실과 너무 동떨어진 것이었습니다. 그래서 제가 이렇게 말했죠. "라디오 PD가 하는 일은 그렇게 낭만적이지도 않고 여유롭지도 않아. 하루하루가 다람쥐 쳇바퀴처럼 돌아가는 평범한 일상이야"라고 말이죠. 그렇게 이야기를 해줬건만 막상 영화가 나온 후에 봤더니 역시 영화 속 라디오 PD는 무척 낭만적이고 여유로운 모습이었습니다. 그 영화는 바로 유지태, 이영애가 주연으로 출연한 「봄날은 간다」였습니다. 아무튼 영화 속의 라디오는 현실과 살짝 차이가 있다는 힌트를 드리며 영화 속 라디오 이야기를 꺼내봅니다.

영화「봄날은 간다」스틸컷
「봄날은 간다」에서 은수(이영애)는 라디오 PD로, 상우(유지태)는 음향기사로 나옵니다.
사진은 상우가 갈대를 스치는 바람소리를 녹음하는 장면입니다.

「스무 살까지만 살고 싶어요」(1991 강우석 감독)

「스무 살까지만 살고 싶어요」는「투캅스」와「공공의 적」시리즈를 만들었던 강우석 감독의 초창기 영화인데요. 윤연경, 문성근, 고故 최진영 등이 출연했습니다. 라디오 프로그램의 DJ와 시한부 소녀의 우정을 다룬 영화인데요. CBS 라디오의 심야 음악프로그램 〈꿈과 음악 사이에〉에서 실제 있었던 이야기를 소재로 하고 있습니다.

골수암으로 시한부 삶을 살고 있는 18살 소녀 초희에게 라디오는 유일한 친구입니다. 집에서만 생활하는 그녀는 세상과 소통하기 위해 라디오 프로그램에 자신의 사연을 계속 보냅니다. 하지만 초희의 사

연은 좀처럼 채택되지 않습니다. 이를 안타까워하던 친구 철수는 방송국에 찾아가 담당 DJ에게 초희의 딱한 처지를 이야기합니다. 덕분에 초희의 사연이 소개되고 초희는 DJ로부터 생애 마지막이 될지도 모르는 생일 축하를 받습니다. 그리고 초희의 사연을 안타깝게 생각한 청취자들의 응원이 쏟아집니다. 하지만 기쁨도 잠시, 초희는 다시 죽음에 대한 두려움에 휩싸입니다. 안타까운 철수는 초희를 위해 바다 여행을 준비합니다. 그런데 그곳에선 라디오 DJ 현준이 초희를 위해 준비한 특별한 콘서트가 열립니다.

영화 「스무살까지만 살고 싶어요」 스틸컷

영화적 감동을 위해 허구적 요소가 다소 들어가기는 했지만 민초희라는 청취자의 실제 이야기를 모티브로 하고 있습니다. 다음은 죽음을 앞둔 초희 양이 라디오 프로그램에 보냈던 시詩입니다.

기 도

_민초희

하늘이시여 아버지이시여
여기 보잘것없이 꺼져가는 생명하나 당신께 바칩니다
크지도 않고 화려하지도 않은
그러나 착하게 살려 노력했던 소녀 하나가
당신께 천천히 생명을 바칩니다

아쉽다고 말하기엔 꽉 찬 것 같고
꽉 찼다고 하기엔 너무 모자란 열일곱 해
아버지시여
그 열일곱 해를 당신께 돌려드립니다
한 번도 내 것이라고 느껴보지 못한
내 삶의 주인공인 당신께 드립니다

아버지시여
어릴 적 엄마 품에서
십자가에 매달리신 당신의 모습이
전 아름답다 느꼈습니다

나도 당신에게 속할 수 있는 사람이길 원했습니다
그런 나의 생명을 영원히 당신에게 바칩니다

난 서럽지 않습니다
단지 영원을 위해 영혼을 들어 마신 것뿐입니다

아버지시여
내 열 일곱 해 고스란히 당신에게 바친
내 몫일지도 모를 남는 생이 있다면
천진한 어린 양들에게 고루 뿌려 주소서.

드라마 「별에서 온 그대」에서 외계인 도민준을 돕는 변호사로 출연한 김창완 씨는 70~80년대에 '산울림'이라는 록그룹을 이끌던 우리나라 대중음악의 전설입니다. 또한 아직까지도 현역에서 활약하는 라디오 DJ이기도 하죠. 초희 양의 이야기는 김창완 씨가 CBS 라디오 〈꿈과 음악 사이에〉의 DJ 시절이던 1989년에 있었던 실화입니다. 그녀의 사연에 많은 청취자들이 함께 기도하며 쾌유를 빌었지만 그녀는 스무 살까지만 살고 싶다던 소원을 끝내 이루지 못하고 세상을 떠납니다. 그리고 그녀의 이야기는 책과 영화로 세상에 나오게 됩니다.

「접속」(1998 장윤현 감독)

「접속」은 한석규와 전도연을 톱스타로 만들어준 영화입니다. 영화도 대단히 성공했지만 사라 본Sarah Vaughan의 노래 'Lover's concerto'가 들어 있는 OST도 무척 많이 팔렸습니다. 제가 일하는 CBS에서 영화 촬영을 했기 때문에 저에게도 기억에 많이 남는 영화입니다.

심야 음악 프로그램을 만들고 있는 라디오 PD 동현한석규은 갑자기 애인이 떠나가는 바람에 실의에 빠져 지내고 있습니다. 함께 프로그램을 제작하고 있는 작가 은희추상미는 동현을 짝사랑하고 있고, 또 다른 PD가 은희를 좋아하고 있습니다. 삼각관계인 것이죠. 이런 질척대는 상황에서 어느 날 동현에게 낡은 LP 음반 한 장이 배달됩니다. 떠나간 애인이 보내온 것이죠. 그런데 마침 그날 생방송 중에 PC통신을 통해 '여인2'라는 ID의 청취자가 그 음반에 들어 있는 노래를 신청합니다. 동현은 혹시 '여인2'가 옛 애인이 아닐까 하는 생각에 그녀에게 이메일을 보냅니다. 그러나 그녀는 다른 사람이었죠. '여인2'는 홈쇼핑 전화 상담원 수현전도연입니다. 그녀는 친구의 남자친구를 짝사랑하는 궁상맞은 처지였죠. 이렇게 우연한 계기로

영화 「접속」 포스터

PC통신에서 알게 된 두 사람은 온라인에서 친해지게 됩니다. 그러는 사이 동현은 방송사에 사표를 내고 수현은 짝사랑을 멈추기로 작정합니다(이쯤에서 두 사람이 만나야겠죠?). 드디어 그들은 종로의 어느 극장 앞에서 밤늦은 시각에 만나게 됩니다.

별로 특별할 건 없는 스토리인데 PC통신*, 폴라로이드 카메라 같은 당시 젊음을 상징하는 신상품들이 등장하며 신선함을 주었던 영화입니다. LP 음반을 이용한 라디오 생방송 장면이나 음반자료실 모습을 통해 라디오 PD들의 일상을 간접적으로나마 알 수 있었던 영화입니다.

* PC통신이 뭐꼬?
인터넷이 활발히 이용되기 전인 1990년대에는 호스트 컴퓨터를 통해 개인컴퓨터들을 연결해 자료제공과 대화방 등을 운영하였습니다. '천리안', '하이텔', '나우누리', '유니텔' 등 다수의 사업자가 서비스를 제공했지만 속도가 지금의 인터넷과 비교할 수 없을 정도로 엄청 느렸죠. 2000년대 들어 초고속 인터넷이 활발해지면서 2007년 하이텔을 끝으로 PC통신은 역사 속으로 사라졌습니다.

영화 「라디오 스타」 (2006 이준익 감독)

「라디오 스타」는 「왕의 남자」를 만든 이준익 감독이 2006년 발표한 영화입니다. 최곤(박중훈)이라는 가수가 있습니다. 한물갔지만 왕년에는 가수왕까지 지냈던 가수죠. 그의 대표곡은 '비와 당신'. 락커의 상징인 청바지와 가죽잠바를 즐겨 입고 굶어 죽어도 풀은 먹지 않는다는 자존심 강한 호랑이 캐릭터입니다. 하지만 배가 고픕니다. 그래서 매니저(안성기)가 라이브 카페 공연을 섭외해 생활고를 해결하려고 하지만 자존심 강한 최곤과 업주 사이에 트러블이 생기고 결국 무산되고 말죠. 그리고 시간이 흘러 최곤은 강원도의 작은 도시 영월의 라디오 방송 DJ를 맡게 됩니다.

그런데 이곳에서 기적이 일어납니다. 시골의 보통 사람들과 진솔하게 소통하며 신나게 방송을 하더니 인기 폭발! 전무후무하게도 지역방송 프로그램이 전국방송으로 확대 편성되기까지 합니다. 최곤의 라디오는 엄마와 싸우고 집을 나와 시골 다방에서 일하고 있는 김 양을 엄마와 화해하게 해주고, 오해로 섭섭하게 떠난 매니저를 다시 돌아오게 합니다. 라디오 방송을 통해 오해와 갈등이 눈 녹듯 녹아버리는 기적이 일어나죠. 라디오의 가장 이상적인 모습을 보여주는 영화입니다.

언제나 나를 최고라고 말해준
당신이 있어 행복합니다
라디오
스타
RADIO STAR

영화 「라디오 스타」 포스터

「어둠속에 벨이 울릴 때(Play Misty for me)」(1971 클린트 이스트우드 감독, 주연)

스토커 영화의 효시로 불리는 영화입니다. 주인공 데이브 가버클린트 이스트우드는 캘리포니아에서 인기가 좋은 라디오 DJ입니다. 그런데 그가 진행하는 라디오 프로그램에 매일 전화를 해서 'Misty'라는 노래를 틀어달라고 하는 여인이 있어요. 이것이 영화의 원제가 「Play Misty for me」인 이유입니다 그러던 어느 날 바람기 많은 데이브는 술집에서 에블린이라는 여자를 만나 별 생각 없이 하룻밤을 함께 보내게 됩니다. 그런데 그녀

가 바로 매일 밤 그의 방송 프로그램에 전화해 Misty를 틀어달라고 했던 그 여자였던 것이죠. 데이브에게 에블린은 그냥 스쳐가는 수많은 여자 중 하나였지만 에블린은 그렇지 않았습니다. 하룻밤을 함께 보낸 후 에블린은 데이브의 모든 사생활을 감시하고 스토킹하기 시작합니다. 데이브가 거부할수록 에블린의 스토킹은 수위가 높아지고 결국은 살인을 저지르는 수준까지 이어집니다. 영화의 클라이맥스, 에블린은 데이브가 사랑하는 약혼자를 해치기 위해 새로운 룸메이트로 위장해 그녀에게 접근합니다. 위기의 순간, 데이브가 달려가서 에블린을 물리치고 약혼자를 구해내지요.

시도 때도 없이 누군가가 생방송 중에 협박 메시지를 보내고 DJ가 출근하는 시간에 방송사 주변을 어슬렁댄다면 어떻게 해야 할까요? 쉽지 않은 일이지만 법적, 물리적 조치를 취해야만 합니다. 이런 경험이 쌓이다 보면 극성 청취자들의 사연만 딱 봐도 상태를 알 수 있는데요. 경우에 따라 철저하게 무시하거나 문자 발신자에게 전화를 걸어 적극 대응하는 전략을 써야 할 경우도 있습니다. 이런 일도 담당 PD가 감당

영화 「어둠속에 벨이 울릴 때」 포스터

해야 할 몫이죠. 그럼 연예인이 스토킹 피해를 당했던 유명한 사례를 한번 살펴볼까요?

*** 연예인 스토킹 피해 사례**

DJ 겸 탤런트 김OO : 12년 동안 스토킹에 시달림. 거의 매일 전화를 걸고 집에 침입해 물건을 훔치는 등의 심한 행동 때문에 파출소에 신고를 해서 접근금지 명령을 받았지만 스토커가 그 후에도 전화를 걸어 위협을 가함.

DJ 겸 가수 김OO : 동성 스토커로 인해 11년 동안 고통 받음. 무수히 이사를 하고 전화번호를 변경하는 피해를 겪음. 10여 차례 신고를 했는데도 그때마다 훈방으로만 풀려나서 코뼈를 다치는 폭행을 당하고서야 고소를 할 수 있었음.

DJ 겸 가수 이OO : 20대 후반의 여성이 오피스텔에 찾아와 문을 두드리며 더 이상 그곳에 살 수 없게 만들어 접근금지를 신청함.

위에 거론한 사례들은 스토커가 폭행이나, 가택침입 등 범법행위를 해서 법적 처분을 받은 경우입니다. 그런데 특별히 난동을 부리지 않으면서 항상 감시하고 지켜보고 있다면 처벌할 명분이 없기 때문에 피해자는 정말 괴로워지죠. 제가 제작하던 프로그램에서도 이런 일이 있었습니다. 처음에는 DJ에게 한 번 만나달라는 비교적 얌전한 문자를 보내더니 응답이 없자 점점 정도가 심해져서 나중에는 입에 담지 못할 내용의 문자를 매일 보내왔습니다. 그리고 방송사 로비까지 찾아와 매일 DJ를 기다렸지요. 그래서 저는 라디오 PD이지만 보디가드로 변신해 DJ가 출퇴근할 때 주차장까지 동행해야만 했습니다.

방송연표

1837 새무얼 모스, 모스 부호를 활용한 전신기 발명

1844 세계 최초 전신노선(미국 워싱턴~볼티모어) 개설

1876 그레이엄 벨 전화 특허 신청

1877 수동식 전화 교환기 개발

1887 헤르츠, 전자기파 실증실험 성공

1891 자동식 전화교환기 개발

1893 전화를 통한 방송네트워크 '텔레폰 힐몬도'시작

1896 마르코니, 무선 전신 특허취득(영국)

1897 마르코니, 영국에서 무선전신회사 설립

1901 마르코니, 대서양 횡단 무선통신 성공

1906 포리스트, 3극 진공관 발명

1906 페선던, 대서양을 향한 무선음성 송신

1908 포리스트, 파리 에펠탑에서 음악방송 실험

1910 미국의회, 모든 여객선에 라디오 장비장착 의무화

1912 타이타닉호 침몰, 무선통신의 위력 실감

1912 미국 의회 라디오법 제정

1914 제1차 세계대전 발발, 라디오 방송기술 실용화 촉진

1915 무선전화 서비스 시작

1919 미국 라디오 주식회사(RCA) 설립

1920 세계최초의 정규라디오 방송국(미국 KDKA) 개국

1922 — 영국, 프랑스 정규 라디오 방송국 개국

1923 — 독일 정규 라디오 방송국 개국

1925 — 일본 도쿄, 오사카, 나고야 방송국 개국

1925 — 베어드 텔레비전 공개실험 성공

1926 — 영국 BBC 텔레비전 방송 실험

1926 — 미국 라디오 방송국 네트워크 NBC 설립

1927 — 한국 경성방송국(JODK) 라디오 방송 시작

1927 — 미국 CBS, 영국 BBC설립

1929 — 자동차 라디오 등장

1929 — 대공황 시작, 라디오 방송 확산 계기

1933 — 경성방송국 이중 언어 방송 시작
(제1방송 일본어, 제2방송 조선어)

1936 — 영국 BBC 하루 2시간씩 TV정규방송 개시

1938 — 미국 CBS 라디오 드라마 〈화성인의 침공〉 방송

1938 — 제2차 세계대전 발발, 라디오를 선전도구로 활용

1945 — 미군정 경성방송국 접수, KBS 명칭 사용

1954 — 트랜지스터 라디오 판매시작

1954 — 한국 최초 민간방송 CBS 개국

1956 — 극동방송 개국

1959 — 부산 MBC 개국

1961 — MBC 라디오국 개국

1961 — KBS 텔레비전 방송 개시

1963 — DBS 동아방송 개국

1964 — TBC 동양방송 라디오 서울 개국

1970 — TBC 한국 최초 FM 스테레오 방송 실시

1980 — 신군부의 언론사 통폐합

동양방송(TBC), 동아방송(DBS) KBS로 흡수

1980 — 한국 컬러 TV 시대 개막

1990 — 평화방송, 불교방송, 교통방송 개국

1991 — 서울방송 SBS 개국

1995 — 케이블 TV 시대 개막(40여개 채널 선정)

1999 — SBS 인터넷 방송 시작

2005 — DMB 방송 서비스 시작

2002 — SkyLife 위성방송 본방송 개시

2008 — 헌법재판소 KOBACO 광고독점 헌법불합치 판결

2011 — TV 종합편성채널(TV조선, 채널A, JTBC, MBN) 개국

- **공영 방송(公營放送)**: 정부와 기업의 영향을 받지 않고 독립적으로 운영되는 방송형태를 말한다. 일반적으로 방송사의 형태는 국가에서 통제, 운영하는 국영 방송과 민간 자본으로 운영되는 민영 방송이 있다. 공영방송은 이와는 다른 형태로 정부나 광고주의 영향을 받지 않고 국민에게 독립되고 공정한 정보와 양질의 프로그램을 서비스하는 것을 그 목표로 하고 있다.
- **지상파 방송**: 지상파地上波는 지상의 송신탑을 이용하여 전달되는 전파를 말하며 공중파空中波방송이라고도 한다. 전선이나 인공위성을 통해 전달되는 전파 신호는 지상파에 포함되지 않으며, 흔히 좁은 범위로서의 지상파는 TV 채널 중에서 케이블 방송이나 위성 방송을 제외한 방송 채널을 말한다.
- **케이블 텔레비전**(cable television, CATV): 텔레비전 안테나 대신 유선 케이블로 방송신호를 받아 보는 수신체계이다. CATV 또는 유선방송으로도 불린다.
- **종합편성채널(綜合編成)**: 지상파 방송처럼 보도와 오락, 교양 등 모든 분야의 프로그램을 편성할 수 있는 유선채널 방송을 말한다. 줄여서 종편綜編이라고도 한다. 현재 'TV조선', '채널A', 'JTBC', 'MBN' 이렇게 네 개의 종편이 있다.
- PD(producer & director): 방송사에서 프로그램을 제작하고 연출하는 사람.

- **AD**(Assistant Director): 방송국에 입사한 지 얼마 되지 않은 PD들은 혼자 프로그램을 하기보다 선배 PD와 함께 프로그램을 맡는 경우가 많은데 이럴 경우의 후배 PD를 AD, 즉 조연출이라 부른다.
- **CP**(Chief Producer): 대장 PD 정도로 해석할 수 있겠다. 여러 명의 PD가 대형 프로그램을 함께 제작하거나 프로젝트를 할 때 선임 PD를 뜻하기도 하고 몇 개의 프로그램을 관리하는 부장급 PD를 지칭하기도 한다.
- **FD**(Field Director): 공개방송이나 이벤트를 할 때 무대에서 소품 및 무대 정리, 관객관리 등의 소소한 일을 하는 사람을 뜻하는데 프리랜서이며 전문직으로 대우받지 못하고 있다.
- **박스팝**(vox-pop): 거리에 나가 직접 일반인들의 의견을 녹음하는 것으로 'voice of people'이라는 뜻이다. 리포터들이 주로 하지만 신입 PD들도 많이 하는 일이다.
- **가청취권**(service area): 특정 라디오 방송의 청취가 가능한 지역.
- **각색**(脚色): 소설이나 실제 이야기를 극이나 영화로 상영할 수 있도록 각본으로 꾸미는 일. ex. 라디오 드라마 〈화성으로부터의 침공〉은 웰스의 공상과학소설 『우주전쟁』을 각색한 것이다
- **오픈 스튜디오**(open studio): 방송이 제작되는 과정을 스튜디오 밖에서 일반인들이 지켜볼 수 있도록 만든 스튜디오.
- **네트워크**: 같은 프로그램을 동시에 송출하는 방송사들이나 케이블 시스템cable system을 뜻한다. 이 경우 프로그램을 주도적으로 송출하는 방송사를 '키 스테이션key station'이라고 하고 프로그램을 받아서

재송신하는 방송사를 '가맹사[affiliate]'라고 한다. 네트워크를 구성하는 각각의 방송사를 스테이션[station]이라 한다.

- **뉴미디어**(new media): 새로 등장하는 미디어라는 뜻인데, 상대적인 개념으로서 20세기 초반에 라디오가 뉴미디어였다면 20세기 후반에는 CATV, 위성방송 등이 뉴미디어로 등장했고 지금은 인터넷 기반 미디어가 뉴미디어로 불린다.
- **다큐멘터리**(documentary): 실제 있었던 사건이나 인물을 소재로 삼아 극화하지 않고 있는 그대로 사실만 전달하는 프로그램.
- **디스크자키**(DJ, Disk Jockey): 음악 프로그램의 진행자를 뜻하는데, 방송 진행자뿐 아니라 나이트클럽에서 즉석 음악을 틀어주며 흥을 돋우는 사람도 DJ라고 부른다.
- **로컬 방송**(local broadcasting): 지방 방송국이 독자적으로 제작하여 송출하는 방송.
- **브릿지**(bridge): 두 장면을 이어주는 짧은 음악이나 효과음.
- **MC**(Master of Ceremony): 행사 진행자.
- **스탠바이**(stand-by): 출연자나 스태프에게 방송준비를 알리는 지시.
- **스테이션 브레이크**(station break, SB): 한 프로그램이 끝나고 다른 프로그램으로 넘어가는 시간을 말한다. 이 시간에 캠페인 성격의 공익광고나 상업광고를 짧게 할 수 있다.
- **스필오버**(spill over): 한 나라의 방송전파가 다른 나라의 국경을 넘어 침입하는 것. 간혹 문화침투라는 생각 때문에 분쟁이 일어나기도 한다.
- **애드립**(adlib): 미리 준비된 원고 없이 상황에 맞게 즉흥적으로 대사

를 하는 것. 음악에서는 즉흥 연주를 뜻한다.

- **온에어**(on air): 생방송을 뜻하는 신호등.
- **주파수**(frequency): 단위시간보통 1초 당 한 점을 통과하는 파동의 숫자, 1초에 천 개의 파동이 지나가면 1,000Hz가 된다.
- **중계차**: 방송국에서 떨어져 있는 장소 등에서 중계방송을 할 때 필요한 일체의 장비를 실은 자동차.
- **로고송**(logo song): 회사나 방송국 같은 단체나 텔레비전, 라디오 등의 프로그램을 홍보하기 위해 만든 짤막한 노래.
- **컷**(cut): 방송을 위해 사전에 준비된 일정 분량의 음향자료.
- **콘솔**(console): 음향녹음, 믹싱, 조명 등을 조작하는 조정실의 스위칭 데스크.
- **큐**(cue, Q): 대사, 연기, 음악, 효과 등의 시기, 속도, 강도 등을 지시하기 위해 정해놓은 사인, 몸짓, 손짓 등.
- **큐시트**(cue sheet): 한 프로그램의 시작부터 끝까지의 전 과정을 일목요연하게 기입해놓은 방송진행표. 방송시각 전에 작성되어 모든 스태프에게 나눠준다.
- **프라임타임**(Prime time): 청취율이 가장 높고 광고비도 가장 비싼 방송시간대를 말한다.
- **프로덕션**(production): 프로그램을 만들기 위해 구성된 스태프 또는 회사를 말하는데, 외주업체를 뜻하기도 한다.
- **프리랜서**(freelancer): 특정 방송사나 기업에 속하지 않고 자신의 판단에 따라 프로그램에 참여하는 가수, 개그맨, 작가 등을 뜻한다.

- **호출부호**(call letters): 글자로 표시되는 방송국의 지정된 부호. 국제적인 협약에 따라 호출부호의 첫 자 또는 두 번째 글자로 소속국가를 알 수 있다. 한국은 HL로 시작하는 HLKV, HLKY 등의 호출부호가 있다. 콜 싸인call sign이라고도 한다.
- **시그널 음악**(signal): 프로그램 시작과 함께 나오는 음악으로 이 음악이 흘러나오면 진행자가 프로그램을 시작하는 인사말오프닝 멘트을 한다.
- **멘트**(announcement): 프로그램 진행자 또는 행사 사회자가 상황에 맞게 하는 말. '아나운스멘트'를 편의상 줄여서 우리나라에서만 쓰는 말이다
- **소프 오페라**(soap opera): 라디오 연속극의 주 청취층이 주부였기 때문에 옛날 라디오 연속극에는 비누 광고가 많이 붙었다. 그래서 라디오 연속극을 '소프 오페라'라고 부르게 되었다.

방송사 및 방송 관련 기관

- **한국방송공사**(KBS, Korean Broadcasting System): 대한민국의 대표적인 공영방송으로서 대한민국의 재난방송 및 민방위방송 주관 방송사이다. 1947년에 개국하였으며, 2개의 지상파 TV와 8개의 라디오 방송, 그리고 KBS N스포츠 등의 케이블 방송과 DMB 방송을 운영하고 있다.
- **문화방송**(MBC, Munhwa Broadcasting Corporation): 1961년에 설립되어 대한민국 수도권을 가시청권으로 하는 지상파 공영방송이다. 다른

지역 17개의 문화방송 네트워크 방송과 함께 전국방송망을 구축하고 있다. 방송문화진흥회가 70%, 정수장학회가 30%의 지분을 가지고 있다.

- **서울방송**(SBS, Seoul Broadcasting System): 1991년에 개국해서 수도권을 가시청권으로 하는 지상파 민영방송이다. 1개의 지상파 TV와 2개의 라디오 그리고 지상파 DMB 등을 운영하고 있다.
- **한국교육방송공사**(EBS, Educational Broadcasting System): 방송을 통한 학교교육을 보완하고, 평생교육을 지원하기 위해 1990년에 설립된 공영방송으로 전국에 텔레비전과 라디오 방송을 하고 있다.
- **기독교방송**(CBS, Christian Broadcasting System): 1954년에 설립된 우리나라 최초의 민간방송이다. 2개의 라디오 채널과 위성 TV, 그리고 인터넷 신문 『노컷뉴스』를 운영하고 있다.
- **평화방송**(PBC, Pyeonghwa Broadcasting Corporation): 천주교 서울대교구에서 직영하는 대한민국의 종교방송으로 케이블 텔레비전·위성방송 및 FM 라디오를 방송하고 있다.
- **불교방송**(BBS, Buddist Broadcasting System): 1990년 불교계 각 종단과 단체, 불교인들의 후원으로 설립된 불교계 대표 방송이다. 1990년 5월 1일 지상파 라디오 방송국으로 개국하였다.
- **원음방송**(WBS): 1998년 원불교의 주도로 설립된 라디오 방송으로 서울과 전북, 광주, 전남, 대구, 부산의 스테이션Station에서 송출하고 있다.
- **교통방송**(TBS): 서울시 산하기관으로 서울시의 교통정보를 방송하는 TV, 라디오 방송이다. 도로교통공단이 관리 주체인 한국교통방송과

는 서로 다른 라디오 채널이다.

- **경기방송:** 1997년에 개국하여 수도권과 충남북부지역을 가청권으로 하는 민영 라디오 방송으로, 경기도 수원시 영통구에 본사를 두고 있다.
- **KNN:** 부산광역시와 경상남도를 방송 권역으로 하는 민영 방송이다. 1995년 부산방송(약칭 PSB)으로 개국했으나 2006년에 사명을 KNN으로 변경하였다.
- **국악방송:** 전통 및 창작 국악 보급 교육과 국악의 대중화를 위하여 2000년 2월 14일 설립된 문화체육관광부 소관의 재단법인으로 대한민국의 국악 전문 공영 라디오 방송이다.
- **방송통신위원회(放送通信委員會 약칭 방통위):** 방송과 통신에 관한 규제와 이용자 보호 등의 업무를 관장하는 대한민국의 중앙행정기관이다. 기관장은 장관급 정무직(政務職)* 공무원이다.

* 정무직(政務職)
선거에 의하여 취임하거나 임명에 국회의 동의가 필요한 특수 경력직의 한 종류를 말합니다.

- **한국방송광고진흥공사(KOBACO):** 광고판매대행, 방송광고 균형발전 및 방송광고산업 활성화 등을 위하여 2012년 5월 기존의 한국방송광고공사를 폐지하고 설립된 대한민국 미래창조과학부 소관의 특수법인이다.
- **한국피디연합회:** 1987년에 지상파 방송국 PD들의 모임으로 시작한 사단법인으로 현재 2,900여 명의 회원이 가입돼 있다. 회원 상호간의 협력을 통하여 방송인으로서의 역할을 공정히 수행하고, 자유언론 발전과 방송문화 창달에 기여함을 그 목적으로 하며 해마다 한국피디대상을 수여하고 있다.
- **전국언론노동조합(全國言論勞動組合):** 대한민국에서 신문, 방송, 출판, 인

쇄 등의 매체산업에 종사하는 노동자들이 가입한 노동조합이다. 1988년 11월 창립된 언론노련을 계승해 2000년 창립되었다.

- **방송문화진흥회**(약칭 방문진): 1988년 방송문화진흥회법에 근거하여 설립된 비영리공익법인이다. 현재 MBC의 대주주로서 경영에 간접적으로 참여하고 있으며 MBC 사장의 임명권, 해임권 등을 갖고 있다. 방문진 이사들의 임명권은 방송통신위원회[방통위]가 갖고 있으며 방통위원장은 대통령이 임명한다.
- **한국방송협회**(韓國放送協會): 1974년 2월 1일 창립된 대한민국 지상파 방송국들의 권익 단체이다.
- **한국방송통신전파진흥원**(韓國放送通信電波振興院): 전파의 효율적 관리, 방송·통신·전파의 진흥 및 인력 양성을 위하여 설립된 대한민국 방송통신위원회 산하 기금관리형 준정부기관이다.

각 방송사의 라디오 주파수

라디오 방송 주파수는 같은 채널이라도 지역별로 다릅니다. 그래서 자동차를 타고 고속도로를 달리다 보면 라디오가 안 들리게 되는 거죠. 전국적으로는 너무 많은 주파수가 있기 때문에 수도권의 주파수만 살짝 알려드릴게요.

(단위: MHz)

89.1	KBS2FM(대중음악)
89.7	WBS 원음방송(원불교 재단)
90.7	경인방송 iFM(인천 지역라디오)
91.9	MBC FM(FM for you, 대중음악)
93.1	KBS1FM(클래식 음악)
93.9	CBS음악FM(대중음악과 기독교음악)
94.5	YTN news fm(뉴스, 시사)
95.1	TBS 교통방송(교통, 대중오락)
95.9	MBC 라디오(오락, 뉴스, 시사, 음악 등)
96.7	국방 FM(국방부 운영)
97.3	KBS 1라디오(뉴스, 정보)
98.1	CBS라디오(시사, 뉴스, 기독교, 음악)
99.1	국악 방송(국악 전문 채널)
99.9	경기방송(수원 지역라디오)
101.3	TBS eFM(영어방송, 교통정보)
101.9	BBS불교방송(음악, 불교)
102.7	AFN eagle FM(주한미군을 위한 영어방송)
103.5	SBS love FM(음악, 시사, 뉴스)
104.5	EBS 교육방송(교육, 외국어)
104.9	KBS 3라디오(장애인 등 소외된 계층 대상)
105.3	PBC 평화방송(카톨릭)
106.1	KBS 2라디오(대중음악, 뉴스)
106.9	FEBC 극동방송 (기독교)
107.7	SBS 파워 FM(대중음악, 오락)

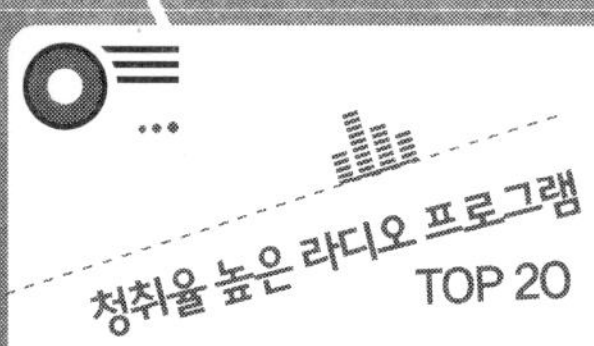

청취율 높은 라디오 프로그램 TOP 20

(2015. 1월 한국 리서치 조사)

프로그램	채널	방송시간
두시탈출 컬투쇼	SBS 파워FM	14:00-16:00
여성시대 양희은 강석우입니다	MBC 표준FM	09:05-11:00
조영남 최유라의 지금은 라디오시대	MBC 표준FM	16:05-18:00
강석 김혜영의 싱글벙글쇼	MBC 표준FM	12:20-14:00
굿모닝 FM 전현무입니다	MBC FM4U	07:00-09:00
김창열의 올드스쿨	SBS 파워FM	16:00-18:00
황정민의 FM대행진	KBS 쿨FM	07:00-09:00
박준형 정경미의 두시만세	MBC 표준FM	14:15-16:00
박소현의 러브게임	SBS 파워FM	18:00-20:00
최화정의 파워타임	SBS 파워FM	12:00-14:00
아름다운 이 아침 김창완입니다	SBS 파워FM	09:00-11:00
박승화의 가요속으로	CBS 음악FM	16:00-18:00
한동준의 FM팝스	CBS 음악FM	14:00-16:00
호란의 파워 FM	SBS 파워FM	07:00-09:00
김용신의 그대와 여는 아침	CBS 음악FM	07:00-09:00
배미향의 저녁스케치	CBS 음악FM	18:00-20:00
신동호의 시선집중	MBC 표준FM	06:15-08:00
손에 잡히는 경제 이진우입니다	MBC 표준FM	08:35-09:00
김필원의 12시에 만납시다	CBS 음악FM	12:00-14:00
김석훈의 아름다운 당신에게	CBS 음악FM	09:00-11:00

*** 아침 출근시간대 청취율을 잡은 프로그램들이 TOP 20 안에 많이 있습니다.**

작업에 참고한 사진 자료와 출처는 다음과 같습니다.

국경 없는 기자회 2015 세계 언론자유지수를 나타낸 세계지도(90)

네이버 영화 「태권동자 마루치 아라치」 포스터(14), 「타이타닉」 포스터(50), 「락앤롤 보트」 포스터(63), 「청실홍실」 포스터와 스틸컷(72), 「라듸오 데이즈」 포스터와 스틸컷(77, 78, 151), 찰리채플린(「위대한 독재자」, 84), 「킹스스피치」 포스터와 스틸컷(86), 「봄날은 간다」 스틸컷(221), 「스무살까지만 살고 싶어요」 스틸컷(222), 「접속」 포스터(225), 「라디오 스타」 포스터(227), 「어둠속에 벨이 울릴 때」 포스터(228)

문화재청 봉화(25)

Amazon 아마존 에코(18)

CBS 인터넷 라디오 '레인보우'(13), 팟캐스트 등록법(아이튠즈 캡쳐 화면, 112), 라디오 공개방송과 라디오 공개방송 포스터(124), 스튜디오 생방송 큐시트와 공개방송 큐시트(126, 127), 합동 토론회(140)

Cicret Bracelet 신체스크린(39)

Wikipedia public domain 이것은 파이프가 아니다_르네 마그리트(30), 히틀러(84), 《뉴스위크》 창간호(97), 아리아나 허핑턴(97) CC BY-SA 1.0 1935년에 등장한 테이프 레코더(60)

- 이 책에 사용한 사진은 저작권자의 허가를 받아 사용하였습니다. 사진 이름 옆의 ( ) 안은 해당 쪽수입니다.
- 제공처 '가나다- 순', '해당 쪽수 순'으로 기재하였습니다.

청소년이 세상을 바꾼다!
ABC
10년 후 스페셜리스트를 위한
푸른들녘
미래탐색
시리즈

뭘 좋아하는지
뭘 하고 싶은지
모르겠다고?
고민하지마!
푸른들녘
미래탐색
시리즈가 있잖아~

001 열네 살 농부 되어 보기

이완주 · 정대이 · 박원만 지음 | 김선호 그림

**농사가 나를 바꾼다,
청년 농부가 세상을 바꾼다!!**

농사를 짓다 보면 글자로만 익혔던 자연의 원리들이 저절로 이해됩니다. '21세기 전망 있는 직업' 가운데 하나인 농업인의 삶을 미리 보여주는 이 책에는 청소년 농부가 꼭 알아야 할 흙과 비료, 작물 재배 이야기가 알차게 담겨 있습니다.

002 별을 꿈꾸다

손일락 지음

**스타를 꿈꾸는 별바라기들이여,
열정으로 응답하라!**

'청춘들의 아버지' 손일락 교수가 들려주는 아이돌 가수 되기의 모든 것. 스타의 꿈을 지닌 청소년이라면 꼭 읽어보세요. 전쟁터 같은 연예계에 막내아들을 아이돌 가수로 데뷔시킨 저자의 따뜻하고 섬세한 조언이 여러분을 스타의 길로 안내해줄 거예요.

003 세상을 바라보는 나만의 눈, 다큐멘터리

김희철 지음

**나는 관찰하고 기록한다.
카메라로 발견한 진실을!**

'사서 고생하는 직업!' 다큐멘터리 감독이 하는 일과 의미를 알려주는 책입니다. 다큐멘터리의 역사, 유명한 감독들과 그들의 작품, 실제 작업 과정 등 예비 감독들이 관심을 가질 만한 흥미로운 이야깃거리로 가득합니다.

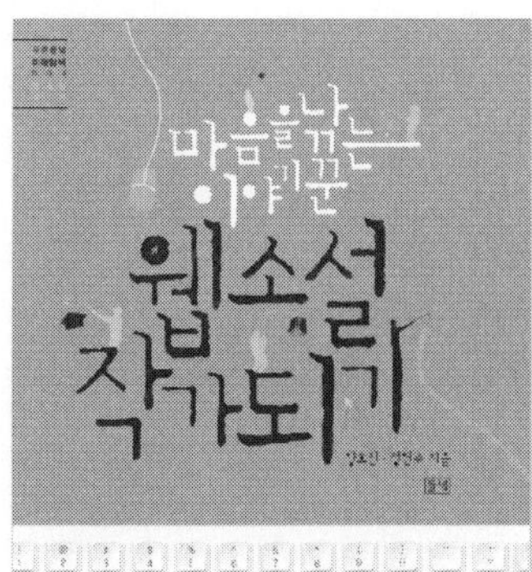

004 마음을 낚는 이야기꾼 웹소설 작가 되기

양효진 · 정연주 지음

**나도 조횟수 기록을 갱신하는
인기 작가가 될 수 있다!**

여러분은 웹소설을 즐겨 읽으시나요? 좋아하는 웹소설의 연재 날짜를 꼭 기억해두고, 이따금 '도전! 나도 작가'에 글을 올린다고요? 그렇다면 이 책을 꼭 읽어보세요. 작가 지망생들이 반드시 알아야 할 '웹소설 쓰기'의 모든 것을 소개합니다.

005 스타일에 날개를 달아주는 패션 디자이너 되기

문미영 지음

전 국민을 패션피플로 만들어줄 예비 디자이너를 위한 가이드북

옷을 좋아하는 사람, 상상력이 풍부한 사람, 뭐든지 내 손으로 계획하고 만들어야 직성이 풀리는 사람, 친구들의 스타일에 조언을 잘 해주는 사람, 인내심과 협동심이 많은 사람 모여볼까요? 여러분에게 딱 맞는 패션 디자이너의 세계로 안내합니다.

006 목소리로 연기하는 배우, 성우 되기

황보현 지음

우주를 삼킨 별별 목소리, 성우들의 리얼 월드!

직업 만족도 2위! 우리말을 정확하게 표현하는 전문가이자 방송 소외계층에 도움을 주는 자랑스러운 직업, 성우! 이 책은 성우를 꿈꾸는 청소년들이 성우 세계에 직접 발을 들여놓기 전에 최소한의 판단 기준이 될 정보를 제공하는 성우 지침서입니다.